大展好書 好書大展

大展好書 好書大展

銀髮族智慧學 3

六十歲的決斷

多湖輝／著
楊鴻儒／譯

大展出版社有限公司
DAH-JAAN PUBLISHING CO., LTD.

序言

退休後的你想要過怎樣的人生呢？是過著隨興的「粗短派」生活，還是樣樣小心，想繼續長壽下去的「細長派」？以我的立場而言，我並不想以長壽來做為人生的目的，「粗短派」的生活方式應該比較適合我。在下定決心說出自己的想法前，我們應該先弄清楚先決條件，那就是從前是如何渡日子，而將來要怎樣安排自己的生活。

我自小就認為將來要做自己喜愛做的事，要過著沒有遺憾的人生。所以在大學尚未退休前就辭了職，這也是因為個性上不願受到束縛的緣故。為了這個目的，我建立了許多人脈網路，從事自己喜愛的工作，而且經常因此廢寢忘食，然而在此，我要說的便是「自己的生活由自己來決定」。

因現今企業環境的重新構組及終身雇用制的崩潰，已逐漸迫臨，對於別人所制定的退休年齡，一味的抓住不放，是一個相當不智的想法。

有鑑於此，對六十歲以後的生活方式要早下決斷。趁著自己身體、心理都很健全的當兒，先決定自己的方向是比較好的。年輕人的一大財富就是不需考慮事情的成敗、劍及履及，但是年老之後，因為過分意識到結果、害怕失敗，故對任何事都很慎重，就很不容易對事情定下決心。

這樣一來，對於已屆耳順之年的人來說，無不受束縛，無法自由自在的對任何事情挑戰，這不是很可惜嗎?摒棄「順其自然」這種被動、消極的想法，使之能「依照自己意識完成」以主體的、積極的方式思考，如此，六十歲以後的人生大概就會大大的改觀了!

此時，放下你的遲疑迷惑，先跨出一步來對待事情「要生產比擔心更容易」。這樣一來，事情一定會比自己所想像的更順利才是。我曾寫過一本名叫「先活動」的書，內容是指若冀望過著豐富長久的人生，「首先下決斷」是非常重要的事。

本書是「六十歲」的人必讀的書，也是快要達到六十歲的人要讀的書，本書若能成為青年人決斷時的指引，甚至能夠切斷六十歲的人下決定時的迷惑，我是高興不過了。

多湖　輝

目 錄

①讓未來人生充實的決斷力

②六十歲的決斷是以與懦弱為友開始

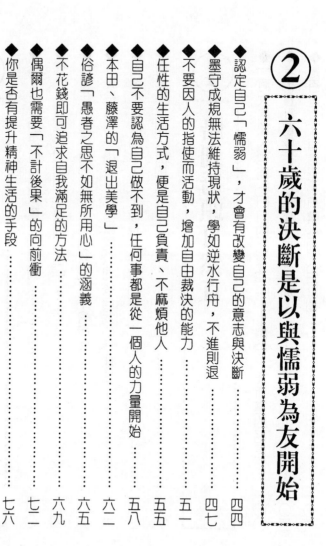

③ 有備無患的決斷術

④ 船到橋頭自然直

⑤ 產生決斷力的資訊活用術

①

讓未來人生充實的決斷力

你是粗短派或細長派

迎接「人生八十年」時代，我們的生活設計與昔日相比，實有極大的變化。企業人的退休年齡平均爲六十歲，因此，退休後仍有二十年的長久人生等待著你，這二十年，正是新生兒成長至成年的歲月。

請仔細回想自己二十歲以前的日子。一個在附近空地玩到日落的孩子。每天揹著書包到學校上課的景象。背包裡裝著便當及餅乾到郊外遠足的快樂日子。運動會、園遊會、走廊下的罰站、老師的讚美，以及爲了社團活動而揮汗如雨的中學時代裡，那個因爲愛上鄰座的女孩，以致於功課一團糟。滿臉青春痘、光著頭的慘綠少年。只要不斷回憶高中及大學前半的生活，將記憶抽成絲線，你就能感受到時間龐大的流逝？

如此長久的歲月，積躺在你的面前，我們實在不能以「餘生」的想法再繼續下去，必須以咬緊牙關、拼命努力的生活方式，來渡過剩餘的二十年。

在平均壽命短暫的時代，退休之後含飴弄孫，蒔花養卉，壽命便差不多終了了，這顯然是「餘生」的最佳註腳。但現在退休後的日子長遠，就不能再以「餘生」來稱之，需要站在一個新的出發點，以所謂的第二人生或第二春，甚於是第三人生、第四人生來稱呼它！

六十歲退休是目前的主流、而另一方面在終身雇用制開始動搖之際，據傳實施提早退休可以享受優待的企業裡——其中大企業即占了百分之八十。但是真正的情況恐怕是在長期經濟一直持續不穩定的情形下，所引發的企業重新構組，使得中高年的薪水階級不斷被公司淘汰，故而半强制的被迫退休。

於是退休後的人生更長了，然而，要再度提起精神，向更新的人生挑戰，就需要極大的勇氣了！

不要只渴望長壽，做想做的才是眞正的人生

從前說人生只有五十年，到了現在，五歲卻是人生起步的階段。人生要以粗短的或是細長的方式經營，本身就是一項很重要的決斷。然而無論選擇那一種人生設計，都得取決於個人，以我而言，我不認爲長壽就是人生的目的，故選擇了粗短的人生態度。

如果想做自己喜愛的事、想渡過無悔的人生，我想粗短派的生活才是應該的選擇。

我的母親活到九十六歲，她的人生可以算是細長的最佳典型。爲了預防成人病而減輕

為了下好決斷的二十七個條件

❶ 由自己決定粗短或細長的生活方式。

體重，爲了不攝取過多的鹽分而將味噌做的淡一些，吃菜時不沾醬油，這就是她的飲食生活。對我而言，難以入口的東西寧可不吃，但母親卻從不厭倦，只要有利於健康的事她什麼都肯做，終於達成她高壽的心願。

我並不認爲這樣的人生很快樂，所以山珍海味來者不拒，可想而知，身材變胖並非偶然，談到工作亦會非常起勁，這樣一來，身體因勞累而消瘦也是可想而知的，即使因此縮短我的生命，我也毫不在意。與其苛待自己的身體，不如過著自己想要的人生，就算短些也沒有關係。因此我爲了可以充分品嘗自己所選擇的粗短生活態度，而感到十分愉悅。

以喜歡挖苦別人而出名的和尚「今東

光」，生前曾告訴我一段有趣的故事：一個著名的和尚因病住院，住院前他曾說自己是「在超越了死亡的地方活著」於是要求他的主治大夫告訴他自己的病因，主治大夫告訴他得的是癌症，這高僧聽了大叫「不想死」，頓時就哭鬧了起來。這個和尚說「做一個和尚這樣掙扎有什麼意義」，他大概是希望過一個細長的人生而不是粗短的也說不定吧！

然而我並非否定細長的人生，任何人都會有長生不老的想法，我認爲這樣的生活方式也不錯。但我更覺得享受人生、充實人生、不一味希望長壽，盡情地去做自己想做的事，才是最快樂的。

想要過著細長的人生或是粗短的人生，要取決於你如何想像你的人生，前面有著完全不同的人生在等待著你，而下定這個決心的人，不是別人，而是你自己，現在你想下什麼樣的決斷？要下了決斷，一切才會開始。

壯年人抱小志

我平常在公開場合上常說希望可以活到一百歲，但實際上我卻把標準訂在八十歲左右。我只要能活到人還健康，對事物仍可以下某種程度的正確判斷，能到海外探訪的最後界限即於願已足，之後的日子便可以稱之爲「餘生」了，這段健康而未死的日子，到時可以再採取另一種不同的生活設計來經營它。

從六十歲爲自己下定方向，到八十歲之間，至少還有二十年，這二十年中，人生便可以做相當多的事，甚至有人重新創業，比花六十年所做的事更成功的，也是不勝枚舉！

以我而言，與其過著二十年的艱苦路程，不如維持著普通的生活水平以品嘗充實感，然後過著閒適自在的生活，我想這才合乎第二個人生吧！因爲目標標榜過高的人生是一種負擔，只有不停勞苦的人生，實在是毫無意義。

若要立定目標，我想那種伸手可得的目標會比較好，因目標簡單、容易達成，馬上就可以品嘗喜悅並立定下一個目標。總而言之，脫離公事及養育子女的束縛，不要過分貪婪，才是上策！

從某層面而言「青年懷大志！」相對的「壯年懷小志」就夠了。

我對任何事情都不強求，並以自然的生活來思考，要過著粗短人生或細長人生的問題，雖然我選擇了過粗短的人生，但是我並不刻意去使它變得粗大，仍保持自然的態度。我想，能過著這樣的人生，也就心滿意足了！

為了下好決斷的二十七個條件 ②

到了壯年先不要勉強，先從自己可以做的事情下手。

關於健康，我並不會考慮參加減肥俱樂部來鍛鍊身體，或參加跳繩、慢跑來强化自己的腰及腳，但是爲了腰腿的健康，可以自己鍛鍊的最低限度，我是會去做的，如去不遠的地方，就用步行，不用手扶梯、電梯而採爬樓梯，這樣不也是有益於健康嗎？

關於追求幸福，我不會想像美國式的大夢，而以能得到中等程度的幸福就很夠了！因想追求很完美的幸福，是件很難實現的事，並且年老後若還遭遇到挫折，必會影響身體的健康，更何況幸福的大與小，各人的尺度也是不盡相同的！

所謂決斷，就是果敢地下決心之意，有人以爲要下定什麼大決心，而緊張不已，但是事實並非如此，選擇悠悠哉哉的人生也是一種決斷，並不是決定設定高目標或是低目標的「上或下」，才是決斷，如有這種誤解，是很容易走向極端。

不做痛苦之事、拒絕厭惡之事

順應自然的生活方式，可以從我工作房的整齊程度看出一端，在我不願勉強自己去整理的前提下，房裡便處處可見堆積如山的書本雜誌。但是這並不代表著是一種真正的雜亂，而是我崇信時間會慢慢的將許多逾時老舊的資料逐一地淘汰。有許多的資料因爲我的想法改變而不再需要、還有些不知道自己爲什麼留下的資料，每數個月整理，必然可以找出一大堆。還有一些前次捨不得丟，這一次卻認爲不再需要的，也可一併處理。每數月重複一次，不知不覺中房間就被整理了！總而言之，我的觀念就是將整理房間的這種瑣事，交由時間來掌理！

六十歲的快樂，其關鍵取決於能否以自然的方式來生活，一份自己固定的時間表，可以測量自己的能力，如感到勉強時，可以延後自己應完成的期限，若立定的目標發生偏差，又可重新擬定，像這樣可以用自己的意識來自由決定的權利，與在職時被種種義務、關係所牽絆，務必不斷忍受的情形，是大大的不同。

退休後最吸引人的事，便是享有自由，痛苦之事不做、厭惡之事拒絕，但只有「針對某事」想做就奮力去做，有時甚至於豁出生命來完成，這也算是一種柔軟的生活方式吧！能夠過著這樣的生活，正是不貪婪、不逞强的生活設計！

不拘泥於過去的生活方式，才能產生好的決斷

我有許多因爲看了他的書或表演，或聽他談話、從遠處瞭望他的生活方式，然後將他崇敬爲老師的經驗。這些人或許覺得很厭煩，但是對我而言，這卻是如同聽了一場深奧人生講座般的裨益良多。

數學家森毅先生，也是我仰爲父兄的一位生活高手，他從東京大學的職位退休後，便在他專門的學問方面與一些電視偶像共同參與電視節目的演出，非常的活躍，但是他有一句話對我影響很大。

在這之中，最讓我印象深刻的即是他的「人生四次説」。他的想法是，假定一個人的平均壽命爲八十歲，我們便可將每二十年區分爲一小單元。從出娘胎到入社會的這二十年稱第一人生，從社會人到進入自組的家庭稱爲第二人生，孩子離家到社會上自立的階段稱

爲第三人生，最後的二十年則是第四人生。

以一般的分法，人生的確有四個階段，但彼此是密不可分的，也就是說第一人生是爲了第二、三、四人生而存在的，同理，第二人生也是爲了第三、四人生而存在的。例如，爲了進入一流大學、進入一流的企業、有健全美滿的家庭，小時候就必須上補習班奠定基礎。

但是森下先生卻將四個人生視爲完全不相干的個體來說明，理由是現今的變動迭起，在這種不安定的年代裡，二十年後的局面是難以預測的。他說的很有道理，如一九七〇年代以來，東西德的統一及東歐自由化的動態、蘇聯共產的瓦解，這些改變是誰也始料未及的，然而實際上，現在的變化，將來仍然會持續下去。同樣的，看看日本國內的情況，四十年來自民黨的一黨獨大的體制崩壞，誕生了聯合政府，但是今後的變化如何，亦是難以斷言的。

在這樣的時代，假定人生有八十年這般長久，用深遠周慮的眼光來考慮、實在沒有什麼意義。故我認爲森下先生的「人生四次說」聰明很多，照一般的分法來說，爲了進入一流公司而努力讀書，可是二十年後的日本，沒有人可以保證，那保障人民的年資排序及終身雇用制度，是否仍舊存在。

泡沫經濟崩潰，某些社會變化的癥候，已然十分顯著，如以人生七、八十年的長久單位來思考，是絕對無法預料時代的變化！

人生若能以四幕劇來生活、就可以過著多四倍快樂的生活

雖然說要將人生分爲四幕，但我想讀者應該都已過了第一、二個人生了吧！大概現今正在上演著第三幕的高潮，於是人生第四幕劇採用此想法時，所立即需要做的是，如何結束第三幕的人生，而對新開始的第四個人生來經營改善、如何下定決斷，若現在才開始，已經沒有辦法來過第四次人生的話，至少也可過第二次人生，那人生也可以有多二倍的快樂。

若把六十歲後的人生視爲以往人生的延長，我們自然地會顧慮到過去，便想依賴過去來渡日，如果選擇這方式，心裡雖想著全新的生活，但現實上卻被原來的社會地位與人際關係所捆綁而形成障礙，則使得態度易於消極；再加上深植内心的一般社會觀念及常識難以丟棄的前題之下，應該抱持的態度是以前的人生已經閉幕，現在正開始的是一個完全新的人生，這樣一來，就不會受到過去的影響而感到束縛了！

當然，適當的利用過去所遺留下來的產業也是一種方法，但是過分依賴昔日的事，活

動範圍便會受到侷限，所以對第四幕人生的出發、及未來的規劃，都要提高果斷的下定決心。

現狀否定派適合希望具有自我生活方式的人

在大學教授之中，有許多的人十年如一日，完全用同一份講義，甚至比自己年輕十歲的學弟，現今仍使用同樣的筆記，或許對教授而言，每年所教的學生都是新面孔，又何必改變講義的內容呢？但這是個錯誤的做法！

不管任何的學問，都具有它的時代性，若不適時採用，則會與時代脫節，就無法吸引學生的注意力，然後被拋在時代之後。如今時代變遷快速、更是容易如此。

我曾應邀到很多地方去演講，但我並非千篇一律的講述著相同的內容，我會盡力去吸取別的知識，我想，儘管聽衆每日都不相同，但每日說同樣的內容，連自己都會覺得厭倦的。一首暢銷的歌曲，對一個歌手而言，或許可以使他十多年都衣食無缺，但是講演則否，一個創意要維持好幾年而不被淘汰，是一件很困難的事。

提出一個熱門的話題是困難的，然而做爲一個四處演講的講師，若每日說同樣的主題，只會在短時間內受到歡迎，然後不久就被人們厭倦而遺忘，事實上有許多人便因爲如此曇花一現而隱沒了！

我對自己成爲一個成功且長久在演講上工作的講師而自負，但這全是我平時努力的緣故。例如，爲了吸引聽衆，我儘量去聽別人演講，在衆多的方式之中，尋找最好的演講方法。

縱然「這個方法」是無法長期使用，因爲説話的方法及語言會隨著時代而改變，爲了吸收這些，我必須經常看電視來吸收符合時代潮流的主題及語言，並對這些訊息十分敏感才行。然而爲了使好的演講能大受歡迎，對電視節目的表演方法也要十分注意。

這正是不滿於現狀而提高自己目標的情況，我認爲這是一件很重要的事，因爲無論任何人、工作、人生滿足於現狀都是無法進步的。

有顆向上的心，才會進步，縱然現今一切都很順利，也要想想看有沒有更好的做法，「有沒有更好的方法」這一點極爲重要。

我因爲感到時代變化十分快速，故不認爲現在的想法十幾二十年以後還會管用，相反的，多想想以後的事，我認爲才是一種進步。

爲了下好決斷的二十七個條件 3

對現實抱持疑問，再否定看看。

想想有沒有別的做法及生活方法

身爲作曲家的第一勸業銀行之優秀行員小椋佳（本名：神田紘爾），毅然決定辭去工作。實際上，從某種意義上而言，辭職是不滿足現狀的緣故。他是一名被寄予厚望的優秀行員，卻在四十九歲時毅然辭職時，他說「我已經是很優秀的薪水階級了，該看的都看了，所以銀行對我的意義，已經消失了」問到辭職後是否要專心從事音樂活動時，他對這件事，並沒有具體的說明，旋即進入東大法學院就讀。

許多薪水階級都認爲「這樣有希望的人，選擇辭職真是可惜，但也是因爲他有音樂天賦才能毅然辭職的！倘若我有這一項才能，我也要辭職！」

但是小椋先生，事先就非常清楚的指出，並非完全因爲音樂才辭職，他說：「雖然會增加創作的時間，但我並非因爲這個原因我想辭職是爲了想『打開人生的第三幕』。」

我想這就是以不滿足的觀點來看未來，他將出生到大學畢業進入銀行，視爲人生的第一幕。一面成爲薪水階級努力工作、一面從事音樂活動的近二十五年間，是人生的第二幕。如因此自滿而停滯，那麼第二幕會一直持續下去，但正因爲不滿足，所以他放下第二幕，決心開啓第三幕。

經常對現狀存疑「有沒有別的人生方法」經常往前看，因此能確實感到「已經做了很精通的領薪人員」才能。

不論何事抱持疑問再分析才有人生下決斷的提示

我曾有五年擔任小學校長的經驗，在要辭去這職位之前，我想寫一本書，於是我便向學校的老師邀稿，書的內容主要是「教學術」，因老師們研究了很多方式以利於上課，從這些經驗中，可以發現「想做這種教學」的突破，常能令學生們眼神發亮且活靈活現的學習，我便是想做「這種教學」之集大成。

然而在看了原稿後，的確對老師上課的方式及熱心態度與辛苦，感到十分敬佩。但，有些教學爲何能讓學生們眼神發亮的理由，在這些原稿中幾乎找不到，因而缺少了說服力，全部的內容，看來都只像老師們在說大話罷了！

於是便興起與老師們一一交談的念頭，從「原因是否如此」，然後再將分析加上去，再讀原稿，一起整合起來，而成此書。此書的題名就是『讓孩子成長的一百零二條授課術』，陳列在店頭時，曾經引起不少的好評。

教學是一種技術，而要將技術傳授給別人時，必須先分析爲什麼並抓住重點，因被傳授者唯有了解重點加以體會，才能得以付諸實現。

我是個不愛唸書的人，無論過去或現在，都不勉強自己讀書，然而對許多事都會去思考爲什麼，再加以分析。

縱然大家都努力的向右轉時，我若無法體會原因便不會向右，以我的專門學科心理學而言，任何偉大學者所提出的言論，我並不會馬上就相信，我會照自己的方式先加以分析，無法體會的事我決不會點頭，但少數的言論及被忽略的學說，若十分有趣時，我亦會非常心醉。

我因爲用這種態度生活到現在，所以不論到那裡都不會覺得無聊，如在新幹線的餐車裡，曾詢問過女侍者「最快消失的菜是什麼？」及「銷售額是多少？」此時「最快賣完的菜又是什麼？」因爲上行車與南下車所熱門的菜並不同，我便會開始思考「爲什麼呢？」

因爲有了這種觀念可以助於我打發無聊，並有助於我在某些場合與研究分析。

譬如到了某家知名的飯店，我曾故意向侍者要求一顆半熟的蛋，原因就是全熟的煮蛋製作容易，而半熟的蛋若沒有正確的時間配合，是無法做到的。所以若能端出顧客所要求的半熟蛋，便可以稱得上是一流的飯店。我爲了證明這家飯店是否是一流的，便會故意點一顆半熟蛋，加果將蛋殼剝開，卻沒有我要求的軟蛋黃，我會拒吃且甩頭就走，倘若侍者會「前來道歉」，那仍可稱得上是第一流飯店，若沒有反應，便只能說是三流的吧！

我有時也會做追踪調查。

像是跟踪婦人進入超級市場，調查她如何購買日常用品。若是一個走向所需的食品賣場，而快速將東西放入了菜籃內的，便是個已經擬好菜單的婦人；反之，在賣場裡東張西望，不知如何下手的人，我認爲「這個人仍爲菜單在煩惱著，因此便可以得知她們家庭的狀況。」

與其用複雜的統計法來從事調查分析，不如根據自己的問題意識和方法論，以自己切身感覺的方式，找出「為什麼」的答案。

如果重複進行前述的方式，許多的分析結果，便在腦中結合，而結合過的東西，不但對下一次的工作有益，又可做為人生決斷的提示及創意。

多湖式的「分斷型電視視聽術」

最近與年輕人接觸的機會少了很多，於是突然想了解現在的年輕人在想些什麼？我常常收看半夜的電視播送，以便了解什麼是適合年輕人的作法？年輕人對何種的電視節目有興趣，思考的同時便會不停的轉換頻道。

我常長時間不睡，然後一下子睡很久再起來工作，並不是使用分斷式睡眠法，因此看深夜播放的節目，並不會覺得很痛苦，可以看得很痛快而又助於大腦的活性化。因為時間不夠，所以能仔細收看節目的機會很少，所以便採用變化頻道的方法來收看電視——每一個都是採分斷型的做法。

總而言之，對第一次看年輕人的電視節目的中高年人而言，會一直不停的問「為什麼」「為什麼」說不定還會覺得不高興，然後切掉電源。而那些能忍受著繼續看下去並加以分析的人，會對自己的人生看得比較透徹。

不留美田給子孫，花盡所有的財產

「我們是在凡爾賽有六房一廳一廚的八十六歲與九十八歲的老夫妻，我們將要把房子奉送給照顧我們生活起居的人。」

巴黎的廣告，曾經刊載著這樣一則廣告。

原本以為只是個玩笑罷了，但仔細看了之後才知道，真的是一座豪邸及二個走路不穩的老人家。因有人以為他們絕對是「活不久」了，便毅然答應照顧他們，同時，那原本看來走路不穩的老人家，其中之一竟站了起來，吹著口哨說「太棒了！」這是個相當令人莞爾的故事。

在法國，並沒有將財產遺留給子女的習慣，父母即便留下了財產，也不希望子女有所回報，父母與孩子之間過著完全獨立的生活，因此有些無法獨處的老人，便在報上登廣告，徵求一個可以照顧自己的人。最後從報上找來照顧他們的人，便可以得到他們所有的財產，他們也可以乾乾淨淨的到另一個世界去了！

在歐美以此種方法將自己的東西用完而去世，是一種美麗的生活方式，並認為是理所

為了下好決斷的二十七個條件 ❹

要丟棄將田產留給子孫的想法。

當然的。

在日本這種情形就完全不同，父母培養兒女的代價，便是在老年希望得以安養，子女要繼承家族體系，看守墳墓，父母是因爲這個理由才將財產留給子女，使他們（父母）晚年得以過得輕鬆，因爲父母在壯年時拚了命賺錢增加財產，即使想用錢也不用花了它而將它存下來，很多爲了孩子、孫子而努力存錢的人，你是否也是這樣子的呢？

像這樣依附著子女活著的父母，實在無法勾勒自己的生活計劃。一生都爲了孩子而奉獻一切的人生，看起來似乎是很美麗的，但對父母來說，等於是將自己的生命視爲烏有，現在我們應將這種愛視爲單行道，自己得到父母的愛，而我們要把愛回報給孩子，孩子再給孫子，具有這樣的心情，不是比較好嗎？不知閣下意下如何？

父母不必為了小孩犧牲

在小孩結婚有了家後，此時父母的責任就算是結束了，孩子得到了自由，而父母也可以照著自己的想法來過生活，有了這樣的看法，孩子可以自立，父母亦可以過著豐富的人生吧！歐美一帶，有許多人將車子賣給孩子，並收取孩子們的錢，他們並沒有將田產留給子女的觀念。

日本現今另一個神話也開始面臨崩壞的命運，那便是不動產的價格也會下跌，以往土地及房子的價格只漲不跌，但在泡沫經濟衰敗後，便可很清楚的理解，土地、房子也是會跌價的。於是在乎土地與房子的原因不見了，會升值才有保存的價值，才能留下來作爲資產，會貶值的資產是不具任何價值的。未來時代的不確定性，更會使這種傾向愈爲强烈，所以，對於這一點，實在有再思考的必要。

以我的情況來說，第一次的整理結束後，便開始進入第二次整理的階段，我擁有數量龐大的書籍，如果不加利用而擺放著，實在是很可惜，我在第一次整理時已找出一部份捐給相應的機構。學術類的書籍，幾乎都用這方法來處理。第二次處理時，只留下有用的書，不需要的，則連書櫃一起處理得乾乾淨淨。

最後，我希望搬到小房子裡。我的人生設計是從小的房子開始出發，配合自己的經濟能力逐漸擴大，最後再度回到小房子，結束自己的一生。

有子嗣的人，可以將房子賣了來買小房子，巧妙的利用差額來實現人生計劃，即使以退休金來生活，也可以過得相當寬裕！畢竟夫婦二人所需的花費，應該不致於太多！

我過去曾與嬉皮交往過，令我感觸良多，他們常露出非常明朗的笑容，他們的力量究竟從那裡來的呢？

讓我覺得十分不可思議，在交往後才知道「空無一物者」的好處，因爲什麼都沒有，就不會失去，那便是他們微笑的來源吧！自此以後，我便認爲與其硬撐場面的過著奢華生活，倒不如過著樸實無華，僅具最小必備條件的生活。

父母無需爲了孩子犧牲，在完成責任之後，將財產全部留給自己用，這樣才能舒適的過生活。

將心比心，就不會自掃門前雪

我們日常生活的行動，都可以說是連續的決斷。過馬路時看見綠燈正在閃動，你會不顧一切衝過馬路，還是停下來等待下一個綠燈出現？到某一個地方去，是搭乘計程車，還是電車呢？看到一本書，是要買還是不買呢？回家之前是要先去喝一杯，還是直接回家？諸如此類的所有的情形，都得逼迫自己做選擇，並且做下決定，才能開始下一個行動。

對於別人所作的決定，我們可能接納，也可能批駁。決斷是一個人想法的表露，因此可以從那個人所下的決斷，得知那個人的個性、做事的能力，甚至也可以了解到他的人生觀。

因此想瞭解對方或自己時，只需觀察自己或別人在何種情境下會做下何種決斷。

我要告訴各位的是，利用這種情形，將別人的生活做爲自己生活的借鏡，是一個非常有用的方法！一個人的人生幅度是有限的，我們不可能更換人生，再重新品嘗，但是可以站在別人的立場思考自己在這種情境下，做何種決斷。這便如同借用別人的人生來讓自己的人生具備更廣泛的幅度。

例如觀看一個有關刑事的電視節目，在看見兇手被追緝時，便會思考「爲什麼利用那種方法逃亡！如果是我……」，或者是假想自己擔任某大企業的董事長，仔細考慮男女僱用機會均等的問題，或是如何將人員削減至最低限度，然後訂下計劃。可以假定自己置身於每一種情境，「雖然他這麼做，可是我會這樣做。」這是很重要的一種想法。

「角色扮演」是一種專門用語，也是用於決斷時所必須之直覺與積極性，在做決斷時被視爲一個相當有用的方法。在企業的社員研修方面也常被利用、推銷員要分別扮演買者、與賣者以角色變換來思考以何種方法販賣商品。

在研修的場合中，必須站在對方的立場來扮演角色，若沒有真正的對手也可以直接在腦中進行，但在扮演角色時，千萬別脫離現實，用儘量合乎現況的方式來思考，才有助於實際的情形。

例如，站在中小企業董事長的立場上來想想，如何選出最有能力的人才，他所需要的，不會是一個得諾貝爾獎的著名學者，最多只是將專業人才從有力企業中挖角過來罷了。

要進入何種情況，是絕對自由的。你可以假裝是總理、也可以假裝是棒球的教練、假

為了下好決斷的二十七個條件 ⑤

要積極的去考慮如果是自己會怎麼做。

裝是賽車選手、壽司店老闆、甚至是計程車司機。角色扮演最好能扮演各種不同的角色。

以扮演角色站在廣泛的立場來體驗「疑似體驗」

偶爾回顧自己過去所下的決斷，會突然思考「那個時候所做決定產生了什麼影響」，不論是失敗的或是成功的決斷。都可以思考假設選擇了其他的方式，將會產生了什麼樣的結果。這結論可以幫助我們，在未來做出正確無誤的判斷。

總之，最差勁的就是「別人是別人，自己是自己」的想法，將別人的行爲做爲別人的事來看待，這等於是躲在自己的象牙塔裡，是無法豐富廣闊自己的人生。

所謂扮演角色，即是與模擬的意思相同，將自己置於許多不同的情況下做模擬演習，實際上若遇到相同情況，便能冷靜積極的應付，因此假設認爲「別人是別人」，而沒有訓練自己，在遇到相同情形時，便很容易做出錯誤的決定。

我不願各位如此，而希望各位過著幸福的生活，因此不要有「別人是別人」的想法，要以別人做的決定或行動，也會影響自己的生活方式的觀念，進行角色扮演。

不要想得太難，應以遊戲般的感覺，輕鬆地進行，尤其是熱心於工作的公司人員，很容易迷失自己，所以一定要改變觀念！

過了六十歲要積極的宣傳個性化、與衆不同的自己

現在，我還是很想把年輕時表演過的魔術，再次的從另一角度進行。我是很認真的。

現在，讓我告訴你爲什麼？

目前我的職業，主要收入來源是講演。講題則不限類型。對任何事情我都可以拿來當作話題，從零歲幼兒教育到有關爲人父母的問題，或受家長會的委託，以中小學老師爲對

象進行演講，也可以對新進人員或公司經營者演講，還可以對工會演說，甚至對高齡的聽衆談談人生的夢想。

我年輕時就決定不做專門學問的研究，以廣泛的方式來獲取知識，即使內容雜亂也不在乎，因此，當有人問我「專門科目是什麼」時，常令我感到十分困擾，我的頭銜是千葉大學的教授，在日本，多多少少會有人單純的以這個頭銜來評斷我。

當我在做形象不良的事時，我很希望把大學教授的頭銜拿掉。以我的情況來說，別人只要介紹我是『頭腦體操』的作者，馬上就會有人說「喔！就是他」，也有人介紹我是個「創造專家」或「心理學者」，但這些對我來說，怎樣的介紹辭都無所謂。

在演講時，我不僅是站在臺上罷了，在許多演講會上若採用某些方式的魔術，聽衆是否會覺得更高興呢？這也是一種想發揮演藝性來提昇場面氣氛的一種表演。

以稅金爲主題來說，若用文章來寫，則顯得太過嚴肅、難懂。若用漫畫來表現，則顯得簡單容易多了，此種效果在演講會上加以發揮，若以不降低品質爲原則，用有趣的而與別人不同的獨創方式來進行的話，魔術對我來說，就是比較貼切的做法。

被稱爲講演的辯士，接受謝禮而將自己當成商品出售。從這觀點來看，推銷「自己」，也必須具備絕對與衆不同的個性化，必需得到「那個人講話很有意思」「他的話對我有好處」，諸如此類的高評價。反之，講乏味且無意義的話的人，任誰都不會請他來演講的。

於是，我想再一次來磨練自己的魔術技巧，用何種方式將魔術帶入講演，我現在仍在思考，如果順利的話，我想一定會十分有趣，請各位拭目以待吧！

現在是表現個性的時代

我在講演會中所想要表現的個性化與差別化，對六十歲以上的人之第二人生來說，實際上是很重要的主題，有人到了中高年時，便會想「哎！我已經六十歲了」或「已經到了退休的年紀了」，用「已經」再加上一般中高年齡者的形象；然後依照這種模式來生活。

總而言之，對開始進入「六十歲」的人來說，因有第二人生在等待著，自然而然的便將以往接觸過的前輩之中，中高年齡者的模樣，映入腦中，而腦中浮現的是「這樣的生活」自己會這樣胡思亂想，大概也是不自覺的吧！但若是因爲認定自己不懂世故、交際範圍狹小而生的觀念的話，我在這不能不請你「稍等一下」。

像平常看齊，等於是取消自己的個性。想讓自己配合周遭的環境，就會自己迷失自己。這樣一來便無法感受自己生命的真實感。這就像在擠滿人的電車裡，將自己的身體靠在別人身上一直到達目的地的情況相當類似。這樣或許很輕鬆，但是因爲沒月抓住扶手及吊皮帶在用力支撐，因此是一種將人生完全托付給別人的方式。

我常想，人因爲會加油才會湧起活著的真實感，像反抗潮流而逞强的人，不隨波逐流而堅持自己的人，這種努力是因爲對自己本身有理想的緣故，無論如何都要達成自己的願望，才會努力的吧！

又說到努力的樣子，在他人看來是相當有個性的，感到十分有主體性，好像從衆人中鶴立雞群似的，這樣別人也無法忽視你的存在了，人們更會接近你，以你爲中心來活動，這不就是很快樂的人生嗎？現在是個公共關係及表演的時代，以自己個性上的積極性來建立公共關係，享受於有個性的表演。希望各位都能過著這樣有意義的人生。

你是否決定好搭那一部人生終點的電車

不管多注意、多自信於自己健康的人，都需面臨死亡的問題。而人在屆臨六十歲時，對死亡的方式來下決斷，也是非常重要的事。

像我與內人，就堅持不將自己死後的樣子給別人看，並與親戚做這樣的約定。通常一個人在死後能讓人印象强烈的就是他死亡的樣子。我的母親在九十六歲時去世，與一般人比較，可以稱得上是壽終正寢的。但是就親人的角度來看，活的太久反而有負面的影響。例如，在我心中最感到遺憾的，就是記下了母親死時那老醜的模樣，倘若她是在七十多歲時去世的話，那我就可以永遠保存著她年輕、精神好的形象了。因此，我不僅不想讓任何人看見自己死時的模樣，更不希望過於長壽、老醜而死。

因此，若可選擇死亡的方式，我認爲安樂死是較好的方式。當要做的事做完了之後，再長生下去只會暴露自己老醜的一面，使周圍的人感到煩惱，所以就大膽的死吧！自己按下安樂死的裝置，如此一來，親戚朋友只會記得我美好的模樣了！

就死亡的方式而言，我認爲這樣才理想。在墨西哥，聽說很容易就可買到這種裝置，我想，在日本應該過不久也會如此吧！

情況有些許不同的原節子小姐，她過的又是另一種生活方式，倘若她一直做爲一個女星的話，我們現在是否能繼續在心中保有她美麗的形象呢？我想這是她在登峰時選擇了急流勇退，才能讓她留下純美的形象吧！同樣的笠置靜子也是一個相當不錯的例子，到了一九五〇年代時，因美國曲風襲進國內，而身爲第一線歌手的她，便毅然決定隱退，因此，我們心中永遠留下她精神飽滿時的好印象。

我並不是單指演員而已，像他們這樣有自己的生活方式及死亡方法，對每個人來說都是十分重要的。

華麗主義的死亡方式

談到死亡的方式、及死後的處理方式，而最使我「佩服」的是，本田技術研究公司的創業者本田宗一郎，以他生前的社會地位及名望來說，當然會選擇舉行盛大的葬禮，在實際上他卻選擇了只有親人來參加的十分樸素的喪禮，因爲不願舉行盛大的葬禮，是他很堅持的遺志。

自己死後所舉行的葬禮，若有很多人來參加，我當然覺得是非常感謝的，但是因爲這樣，很多人開車前來，難免會造成交通阻塞，又會麻煩鄰居們，因自己本身就是從事與車子有關的行業，因爲車子來麻煩別人，是自己覺得無法忍受的事，因此只在親人間舉行簡單的喪禮，便是本田先生的遺志。

一聽到這消息，便覺得本田先生真是個很豪爽的人，果然不愧爲一名建立世界性汽車公司的人，與一般人實在不同。

若允許的話，我也希望如此。人在一年中最寒冷及最炎熱時最容易去世，這樣一來去參加喪禮的人，夏天必須穿著會讓自己熱得滿頭大汗的喪服來參加，冬天則必須長時間在寒風中站著，如果我是參加者我倒可以忍受，但若在我的葬禮中要別人做這等苦差事，實是我所不忍心的。又如在我去世後，發帖子的話，會有些人是受到了强迫來參加的，這便又會麻煩大家，也是我不允許的。所以我的喪禮，只希望自己的親人，簡單樸素的來舉辦。

這種事是私人的問題，要盛大送終的人當然也有。只是像我前面所强調的「華麗主義」的意識，想過美麗的生活，最後不要暴露出自己醜陋的一面，便是我所謂的「華麗主義」。

②

六十歲的決斷是以與懦弱為友開始

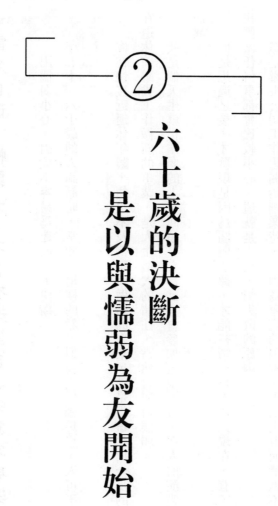

認定自己「懦弱」，才會有改變自己的意志與決斷

「因懦弱小心，因此不容易爲迷惘驟下決斷」。跟五十、六十歲的人講話時，常聽到這樣的話，但我們仔細想想，人可不是都是懦弱的嗎？

像在快接近退休年齡，便迫不及待辭職做新的事業，就是很難踏出一步的決定。因爲在退休前辭去工作做新的事業，是人生最大的賭注，當然會變得懦弱。

我是個天生就很懦弱的人，回頭一看自己竟會參加電視節目，在人前演講，實在是很訝異。

但是想過之後，才發現是因爲懦弱猶豫，才能持續這行工作到現在，有了這種感覺，我們做任何事都會比較小心，這就是因爲害怕失敗的原因。

像是辭去公司工作想開始創業時，會因爲家庭的因素，害怕失敗而猶豫不決，無法付諸行動。但是懦弱從它的正面意義來説，就是對事物冷靜並能做出正確的判斷，這樣一來，懦弱便不能算是缺點，而是一項長處、優點了！

我因爲害怕講演會失敗，一開始便會非常充分的準備。如非因爲我的懦弱，很難相信我會如此冷靜的準備，而一定會面臨失敗。因爲小心翼翼的緣故，所以一向沒有什麼大失敗而持續到現在。

我在雜誌看到一則文章，是某一個賽車手所寫的趣事，一般人一提起賽車手都會認爲是個藐視生命與懦弱無緣的人，但他卻自認自己非常懦弱，他認爲自己懦弱反而會使自己堅强起來。

過度自信的賽車手，不理會自己的感覺，不斷參加比賽，在不停的迴轉之中，喪失了性命。但他因爲自己的懦弱，在很多比賽中常會在腦中浮現許多事情，這樣子使他寧願參加自己比較有把握的比賽，這便是他生活下來的要點，也可說是致勝的重點。

像這個賽車手的情形，我想就是將懦弱視爲武器的例子，若不是認定了自己是懦弱的，而繼續參加比賽的話，或許會在勝敗之處喪失生命，也說不一定吧！

善於利用懦弱、也可使之成為長處

一九九〇年左右，有一個人辭去了公司的職位，準備開創新事業，此人天性懦弱，不易下定決心，「等等再說吧！」對他來說變得很重要。在一九九〇年時正值泡沫經濟的高

為了下好決斷的二十七個條件 ⑥

把懦弱改變為能源的「逆轉構想」。

峰期，他周圍的人都對他說「現在就是開始新事業的好時機」，然而他就是無法下定決心。過了二年後，到了景氣急速滑落的時期，接著大家都對他說：「要在這最爛的時機開創事業，我想算了吧！」這樣忠告他，然而他卻不顧周圍人的反對，下了決斷來開創事業。

結果卻出乎預料的得到了大成功，爾後他回頭想想從前的自己，竟然與賽車手說了相同的話。

「我之所以無法驟下決定，是因爲我天生懦弱的緣故，像失敗等這種不安感便會在決斷前先發生，然後我就會想，如果失敗了該怎麼辦？但是在遲疑中，勝負的關鍵就可以被看出來了！因爲自己本身的懦弱，所以將考慮問題的這段時間做為準備時期，結果便能以最恰當的時機來開創新事業，我覺得這一點對我幫助很大，如果我不經考慮就盲目衝刺的話，就一定會失敗。」

這大概就是自己本身並非刻意去做，但結果卻巧妙的利用了這種情況，把懦弱化成了行動的能源。

認定自己天生就是懦弱的人，也比較有改變自己的想法產生。懦弱在一般人眼中之所以是缺點的原因，是一般人多不承認自己是懦弱者的緣故。因此不想將他加以改變，甚至於還有換掉他的想法。

如果這樣想的話，就永遠是個懦弱的人了：但是坦白承諾自己的懦弱，正如前面所說的，懦弱是看你如何來利用，如果方法合適，他也會變成長處而成爲改善自己的契機。

墨守成規無法維持現狀，學如逆水行舟，不進則退

我很喜歡打高爾夫球，有機會便會收看電視的高球轉播。我常聽解説者説「被壓力擊敗」或「輸在壓力的手上」，我們用業餘者的心情來打球，內心的壓力就可説相當大了，更何況是這些以獎金來過活的職業人呢?我們一般人便會將此理由加了上去!

還有一句也是時常聽到的話「他進入了守備狀況」，在剩下三洞時，站在最領先的年輕選手竟被老手迎頭趕上，解説員的説法是「這是因爲年輕選手進入了守備狀況的緣故」，對於還沒拿過優勝的選手來説，在剩下三洞而領先一竿的情形下，站在第十六洞的擊球區時，「第一次優勝」的想法移過腦海，又出現了「反正領先二竿，若沒有大的失誤，就一定會贏」的想法，所以，採取保守的守備戰略。另一位則暫居第二，經驗豐富的老手，只有一直衝下去才有爭取勝利的機會，所以他不停進攻，最後反而反敗爲勝，實際上這種情形是時常發生的。

此時，解説員便會説「這是經驗上的差異，年輕的選手因意識到可能會得到第一次勝利，因此進入了守備狀況而忘了進攻，而優勝的選手因優勝的經驗豐富，有如何進攻的心得，輸的人則希望能以此爲經驗，下次好好加油。」對第一次面臨得到優勝的人來説，無論如何都會有「穩紮穩打」的心態，本來應當利用長距離竿來進攻，則因換了鐵竿反而失敗了。原本守成的心情，反而與自己想得到的結果背道而馳，這大概就是懂得致勝方法者與不懂者的差別吧！

這情形也完全合乎於人生，如領薪階級的人，總是站在守備的立場則絕不會升職，一輩子以「堅實派」而結束。會升職的人是那種該守則守，但認爲該進攻就徹底進攻的這類人。只是守備的姿勢連現狀都將無法維持，就是連想要維持最低的現狀也需要有進攻的姿態，如用針刺氣球，氣球便會在一瞬間消失，倘若不這樣做，他雖然可以維持好幾天，但仍因空氣一點一點的跑出來，不久也會萎縮，想要保持一定的鼓起程度，就必須定期注入空氣，這也可以說是維持現狀的必要努力吧！

令人悲傷的是，稍不留意就發胖

因不久就要迎接退休年齡，所以有很多事需要遵守。像生命、家族，還有建立起來的名譽地位、財產、朋友關係等。要維護的這種心態也是非常重要。只想保持現狀，保證一天比一天少，正如「攻擊則是最大防禦」這句格言，即使只要維持現狀，也必須帶著前瞻的心情。

健康的情況也是相似的，以切身的例子來說明，如我們中高年人的小腹也是如此，因爲肚子很大，爲了要使他縮小，所以不得不盡量做慢跑或減肥，然而努力的結果是減肥成功，外表看起來英俊了、身體的動作也輕盈了起來，但是減肥這件事並非就此結束，令人悲哀的是，只要稍不注意，身體就會回到原來的模樣。若想長保現在英俊的樣子，就必須保持前瞻的心情。

一九八〇年初，健康的意識在美國抬頭，在企業界，胖子被視爲無法升職的一群，一般人認爲胖子之所以會胖，這是因爲自己本身的健康管理做得不好的原因，連自己的身體都無法自主的話，怎麼能擔任管理部屬的職務呢？因此重要的職位又怎能給他呢？相反的，前瞻的心情若能夠用以控制自己的身體的話，便可以輕易的對任何事保持前瞻的姿態。

如提到文字處理機以及個人電腦，有很多人聽了就會望之興嘆，但是以這些來說，只要有了前瞻的心情，其實就不可怕了！而且還會感到沒有什麼比這更便利的了！有一位被視爲十分有前途的年輕偵探小說家宮部見雪小姐，一年間出了三册的單行本，其出品速度驚人，現在仍繼續有作品在發表中。雖然年輕，但她的創意卻十分不錯，而且她的體力相當令人折服。但是我看了某本雜誌上的報導說，她之所以能有如此驚人的產量，是因爲她使用文字處理機的關係。

文字處理機的好處就是能將自己寫下的文章，轉換成印刷字來看，一般人能將自己所寫的文章以印刷字來呈現的情形是很渺小的，但是文字處理機卻能簡單的做到，這是跟用手寫的文章給人的印象不一樣，也許這樣而有意外的發現也說不定！能使用文字處理機和電腦，亦能輕鬆的將自己有興趣的部份建檔，也能寫作自己的自傳。現在便開始向「現在這種年紀了，還在學文字處理機的使用，未免太辛苦」的心情挑戰看看。

愈到中高年，我想向前衝的心情愈是重要，年紀愈大愈是難以保持希望及夢想，因爲這種做法是困難的。經過了種種經驗，因此在某種程度中便可以看見自己的前途，所以向前衝的心情，很自然就會萎縮下去。我並不是單指那種繼續保持年輕的情緒，而是那種至少爲了維持現狀所必要的前瞻的志向，還有向前進攻的心情，希望這能繼續維持下去。

不要因人的指使而活動，增加自由裁決的能力

我非常欣賞自由，因爲它就是可不受規制，依自己想法自己行動。這是很棒的！做爲一個社會人，必需能不脫離規矩，自己規律自己的行動。因此一切的行爲必須要自己負責的，是相當嚴格的一種想法。

想要快樂的過生活，反而被某一程度的框架框住，而這種框架內的行動，其實比較好，只要接受上司的指示來做事，即使結果不好，卻不需自己負責，這不是很輕鬆嗎？

再說到最近有些變動的日本製造公司之年功排序型和上司下屬的關係。進入公司的年資愈久，即使沒有能力，但經過了一定的時間就能昇遷的方式，因長久習慣這種模式，只

要不發生錯誤，默默的依規矩來做事，因此，大部份人都學會了介意周遭人的眼光和逃避責任的方法。

雖然口頭上提出了能力主義和個人主義，但實際上公司的制度大概無法跟得上如此嚴格的要求，這也是意識到上敘而把別人作爲標準進之推測自己的行動之想法。

因爲長久如此，日本人連自己的人生也不是靠著自己而是靠了別人，不是以自己的責任生存，而是在他人的責任下生活，並且大部份的人都不會抵抗或感到疑惑，一個重型慣犯說過：「產生這樣的環境，是社會的錯。」會下這評論的人，大概就是依靠別人生活的人的典型！

既然認爲產生這樣的環境是社會的錯而想盡力來改變他，就要先從自己做起，雖然是微不足道的力量，但是願意出一己之力來行動，這是非常重要的。因此我覺得大衆努力不如單獨行動來得適合我的性格。若遇需要抗議時，我絕不依賴大衆，而以自己的力量來做，自己的生活要由自己來決定。

人生只有一次，既然如此重視人生，所以依自己的自由裁量，才能過著像自己風格一樣的人生，你覺得呢？這樣一來也不必接受別人的指示、吩咐去做，我想靠別人來生活，這種態度是不需要的。

為了下好決斷的二十七個條件 7

要有人是人、我是我的任性「渡世術」。

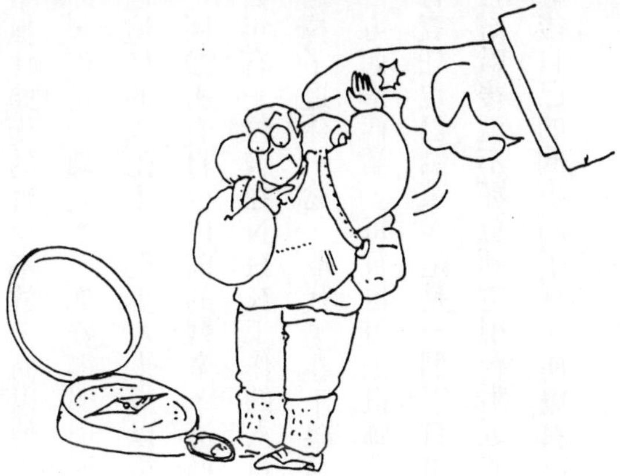

我之所以在退休前辭去了大學教授的工作，也是希望得以從「義務」上得到解放，想得到自由的緣故。國立大學教授的頭銜只有一個累贅罷了，更何況辭了大學教書的工作，也是希望對未來有生活的遠景，與其被束縛著不如過自己想要的生活方式。

退職到現在也有七年了，讓我深覺到自由自在生活的美好。在辭職前已對辭職後的人生設計做了十分綿密的安排，所以我便不必在過程中修正軌道，也能順利的過著第二人生。

你是否對靠別人生活的人生感到滿足

我之所以選擇當大學教授，是因爲這份工作比別的職業有更多的自由裁量，而在長年的服務中，便更加深想要得到自由的意念，這樣一來反而加速了我考慮下一個人生的行動。

緊抓住頭銜的寶座不放，而以他人的庇護來生活也是一種人生，而從其跳出走向獨立的道路，也是一種人生，你覺得那一種好？完全是因人而異的，我並不能霸道的說：「你們要過這樣的人生！」至少六十歲以後的人生，無論在教育子女或是房屋貸款繳清等方面來說，回頭去看自己以前的艱辛，這種以自己的意志建立起來的新的人生，實在是不錯。

去年有一位曾在NHK工作的人員，寫了一本書。在距離退休年齡六十歲還差三歲的時候選擇了退休一途，取代了在中學教英文的妻子，在家裡做起煮飯、洗衣和打掃的工作，一方面學西語，每日也可去畫廊欣賞繪畫，這是由於家中三人都可以完全獨立，子女的教育責任也已結束，這是一個以自由裁量未來很顯而易見的例子。

自辭職後就不願意到電視台附近的餐館去流連喝酒，我想這個人大概是看了許多對公司奉獻後自己的同事的下場，所以自己在變成像他們一樣之前，先去叩了另一扇人生之門。

詩人物爾曼在『青春名詩』裡提到「人生非因歲月的累積而變老，乃是因爲失去理想而衰老」，靠別人生活的人生並沒有理想可言，唯有靠自己才有，這句話一點都沒錯，擁抱理想而活，在年老時就會與公司人那種陷入瓶頸無法突破的情況，變得無緣了。

任性的生活方式，便是自己負責、不麻煩他人

人們都說，法律是爲了規範而存在，但日本的法律卻存有許多令人無法苟同的地方，所以常有一些不愉快的情形發生。

例如，在交通法規方面，就相當的嚴重，在半夜時，路上連一輛車都沒有，爲何要我們在紅燈前停車，爲何要限定時速來開車？

在高速公路上也是如此，每輛車都以時速一百公里飛奔，一點也不危險，爲何要限定最高時速是八十公里呢？有一次我曾質問一位警政單位的高級主管說：「你們將時速限定在一百公里，不也行嗎？」但是他的回答竟是「這位先生您不必擔心，雖然我們的時速限定是八十公里，但即使你開快到一百公里，我們並不處罰！」這樣的話，將最高時速定爲一百公里又有何不可？我實在無法理解高官們的想法。

對此種形式主義水土不服的人有很多，我與歐美人一樣，確信自己可以保證自己的安全，所以不必遵守交通規則也無所謂，但是若發生任何意外，則自己便要自己擔起責任。

像安全帶這種東西，並不該去强制性的指導人民使用，或許這樣的强制會減少死亡率，但繫不繫上安全帶完全是此人的自由，在上位者不用爲人民的生死而來干涉。

當然我在開車時會繫上安全帶，但是早在上位者決定强制取締前，我就做了！若特意强迫人們栓緊它，像我這種人，反而會覺得不愉快而想反駁。

又如稻米的緊急輸入也是，要輸入加州、泰國米是不錯，但是把它們混合了再推出的情形，比個別發售由我們自己混合、品嚐出自己的味道的情形，這種例子顯然是上面的人忽視了人民的自由裁量權而任意加以決定，這實在是太專制了！

這不是認定了上面的人是大人，而國民只是孩子嗎？不知不覺下了這樣的推論，不知各位的感覺是不是也是這樣？

爲了不讓大家誤解我的意思，我再加一句話，那就是我並不是叫你們看見紅燈時就立刻加速開車衝過去，而是將自己的判斷放在第一位，並加上自己可以負責的行爲才是。政府應對國民的良識、良心及自主性加以尊重才是，這就是我的主張。

「小小親切，則是很大的好管閒事」，我不認爲這是一句能有真理的話。

我對於人生的想法也是如此，不希望別人來指揮我，自己得以決定自己的生活方法，並對自己決定的人生，負起完全的責任，以不麻煩別人爲前題，任性的生活著，這樣會比較好吧！

帶著夢、勇氣及我行我素

將日本人與歐美人相比較，日本人不習慣自己負責的原因是日本人不是在個人主義的環境下成長，而是處在相依主義中長大，故沒有孕育獨立性的機會。

因爲這樣，他們對責任方面，較能接受的是共同責任及連帶責任，對於單獨責任則容易表示抵抗，於是便會採取迴避責任的態度，不明示出誰應負責，而你推我，我推你的，在不知不覺中常會不曉得誰來負責。

倘若我們說是民族性的不同，這也是可以的，但是若以此而認定了自己可以隨性而爲來麻煩別人，這就是絕對不可以的，既然想要貫徹任性，就要對可能發生的問題，負完全的責任，這才可說是個成人的表現。

退休後，走進第二人生之所以讓人快樂，是因爲走進這裡的人，得以具有自己的信念，不必被他人所擺佈，並可以實踐我行我素，唯有懷著夢，具有勇氣走自己相信的路的人才算幸福，在此人生中看不出任何逃避責任和胡作非爲的樣子，這樣也算是不麻煩別人來走自己人生的路，也唯有這樣才會向目標終點邁進。

人不能離群索居，有了許多人的幫助及體貼的鼓勵才得以生活下去，倘若麻煩別人，這樣能否得到自己希望的生活？我們要時時思考這一點，每個人都走快樂的人生才好！

自己不要認為自己做不到，任何事都是從一個人的力量開始

同樣身爲文化貢獻者及文化勳章受頒者的已故雕刻家平櫛田中先牛，曾留下一句名言。

「現在不做，什麼時候做？我不做誰做？」

果然是接受了高村光雲與岡倉天心的指導；從這句話便可以看出平櫛先生的自信。

又若有人請平櫛先生揮毫題字，他常常會寫下這一句話。

「七十、八十只不過是小鬼，真正的盛年男子是一百到一百。」

實際上，平櫛先生已是一百零七歲的人，卻仍是血氣正熾的人。

他說七十、八十歲仍是小鬼，這說得真妙，因對超越百歲快降下人生之幕的人來說，那簡直可將之視爲屁股還在泛青的小孩子。能說出這樣的話，想必是雕刻家燃燒自己的生命，想出更好的作品而自始至終工作、奉獻自己熱情的緣故。

為了下好決斷的二十七個條件 ⑧

具有聚沙成塔的想法。

你不覺得這些話有道理嗎？「盛年的男人是一百歲到一百歲以上」「我不做誰做」在這些話中，都可以看出充滿生活的氣力。

總而言之，我們不管做任何事情，若先考慮它的最終目標，想到不易達成就會放棄再往前踏出一步，但是它之所以無法達成，完全是你腦中的假設害了你。實際著手去做，我想會比想像來得更容易成功！

若對於往前踏出一步感到遲疑，我想這目標大概不是自己最終極想要的目標，若面對自己真正想達成的目標，那麼對人性來說，應該能夠朝著目標去拉近才是。

上次湊巧在郵政儲金振興會所發行的「悠悠舞台」雜誌上，看到了在其卷頭有一篇介紹，一對夫妻花了十六年完成東海自然步道一百三十四公里的徒步健行。證明了只要二人有共同的目的，就是走很長的道路，也不覺得辛苦。

對於剛開始走進中途小道而決定攜手共走人生之路的夫妻而言，步調一致就是最重要的，因爲理解了這層道理，先生萌生了體貼妻子的心，好幾次都想放棄這段漫長的路程，但最後仍是徒步完成了目的，迎接終點的來臨。

這趟旅程的附加物，就是夫婦間的話題豐富了起來，因孩子順利的離開了父母，父母也順利離開了子女，今後二個人的關係便更爲密切，想必會到各地山上去走動走動吧！

不要一開始就認定自己做不到，先從可以做到的著手，以這種想法，才能像這對夫婦一般，達到自己想要的目的，所謂「千里之行，始於足下」。

上野車站增加公共電話，這也算是我的力量所趨動的

在日常生活中，從能做的事開始著手，即使是從來没想過的事，也會因爲得到不同的結果，而使人吃驚。

譬如現在的上野車站，到處都有公共電話，十分便利，但是它之所以如此，可能就是我在背後推動而來的。以前的上野車站，公共電話可以說是少之又少，因此工作回家，想

在上野車站打個電話都常常因爲有人在使用，而讓我覺得非常惱怒。有一天，我逕自跑到站長室去告訴站長「要求增加電話數」，並且拜託老師們，若到了上野車站，不論看到站員也好或是站長也行，不斷向他抱怨車站的電話實在太少。

因爲這樣子做，所以逐漸的電話愈來設置愈多了，不自覺中，已增加到不用擔心沒有電話使用的程度。我想這是我跟我的同事，每次要求站方增加電話數，因此車站的員工每次看見我們，都會覺得「找麻煩的人又來了！」「如此一來」就增加了許多電話的設置，從這件事來看，千萬不要認爲自己絕對無法做到某一件事，凡事必先採取行動，才是最重要的。

我不論到何處，若遇到令我不滿的事，我一定會提出抗議，各位千萬不要覺得很不好意思、可能沒有效果，爲了追究無理，我是一步也不會退卻的抗議到底，此時被抗議的人，或許他原本沒有發現自己有錯，經抗議之後，被抗議者的態度就會改善，即使不改善，其態度也與上次有所不同。

以政府辦事處所設置的辦事窗口來說，你可以告訴他們「你改成這樣的方式，處理事務比較快喔！」因此不要什麼事都不做就放棄了，「先試一試」這才是重點所在。

本田、藤澤的「退出美學」

一些自民黨的年輕議員曾提出「議員退休年齡制」的提案，聽到此意見的年長議員因此在電視上的記者招待會上發表意見如下，「那些年輕的傢伙，他們會做些什麼?現在的日本，正是需要我們這種有經驗的人，我並不想現在就引退。」

雖然不是很正確，但是大致內容就是這樣吧！我聽了之後暗暗的感到傷心，年老議員的經驗的確是非常寶貴，但是年輕議員的想法，也是決定日本未來的方針中，所不可或缺的東西。將他徹底否決，實在是太過分了！

這樣的年老議員只想控制國會，難怪我們被歐美先進國家認爲「經濟一流、政治二流」。因爲有這樣的議員，年輕的議員才會提出退休制度！

相對的，本田技研的個案，就給人留下了爽朗的印象。

本田技研創始人本田宗一郎與藤澤武夫是衆所皆知的好搭檔，二人互爲彼此的左右手，以創新的技術及創意建立世界的本田，並在一九六五年後半，景氣復甦的同時，連袂發表退休的聲明，這使得人們相當震驚，身爲董事長的本田，當時只有六十六歲，以大企業中的高層來看是十分年輕的，更何況副董事長藤澤先生比本田還年輕了四歲，才六十二的年齡。

在大家都認爲本田等二人會繼續擔任職位的同時，更令世人震驚的是，新就任的董事長，是年僅四十多歲的年輕人河島喜好先生，以當時的眼光來看，他真的可以被稱爲是一個乳臭未乾的小孩子。

藤澤氏當時下定決心、自第一線退出的原因是：「年紀大的人，容易對下決斷感到恐慌，所以由四十歲的人擔任董事長的職位，這是絕對需要的事。」

於是在四十多歲的新董事長誕生之時，藤澤先生一邊摸著自己喜愛的植物，一邊說：「枯葉之所以掉落，是因爲嫩葉了生長而向上頂的緣故，夏天，樹之所以枯葉還沒褪盡，是因爲年輕的嫩葉還沒長大之故，再不久他也會衰落了！」

將僅有六十二歲的自己喻爲枯葉而謙虛的引退，令年輕人得以坐上寶座，因此很率性的下了此決斷。自河島董事長以後，仍繼承了本田、藤澤二氏的思想，進行年輕世代最高階層的人員替代，這對本田企業的發展，有很大的關連，也是本田得以成爲公司發展的重大因素。

人在各個階段，有其應完成的角色

最高階層的人，長久占據寶座，有利也有弊。例如，容易陷入形式主義之中，在交易商品時，一旦決定了交易對象與商品價格後，就沒有再次審理的機會。倘若因時代的改變，交易規則已和周圍狀況不合，就會拿「這是董事長決定的」爲理由而繼續推行，而且很容易出現以慣例來決定事情的缺失，要打破這種狀況，也只有靠最高階層的更替。

其實雜誌也是如此，長久以相同的人來做主編，雜誌也如同主編一樣，逐漸衰老，而失去了最初的新鮮感，主編本人是不易發現這一點的，但是讀者的感覺相當敏銳「最近好像沒什麼意思」，所以放棄了購買，雖然曾經相當暢銷，但是一旦被讀者厭倦，便走向停刊的命運。

以我的學生們設立了一個智囊團「Shitasion Japan」，此公司在原則上以三年爲周期採用董事長交換制。這當然是爲了維持公司年輕、活力的緣故。

口頭上說「我沒問題，我還年輕」，而實際上精神與肉體也確實都十分年輕的人，當然不能說沒有，但是人格並非只靠自己的努力就可形成的。精神的、肉體的年輕也許只要做了應有的努力就可以保持下去，但是一個人生長的時代背景，也是形成人格的重要部分。

人在各個時代中，最好只要擔任一種達成任務的角色，自己的時代結束了後乾脆退休，不然若是對事情下了錯誤的判斷，那就後悔莫及了，在此奉勸各位乾脆的一個決定吧！

俗諺「愚者之思不如無所用心」的涵義

我現在，正爲未來的第二人生設計生活計畫而冷靜的做判斷。但這並不表示，對一切的事都可以完整無誤的定下決心。最重要的是要向第二人生先踏出第一步，然後是二步、三步，這種開始走的意義，即使生活設計模糊不清也沒有關係，只要看著有如柱子般的目標，便向著那個方向前進，然後一邊前進一邊思考如何修正軌道。

退休後的新人生，對每個人而言，都是第一次經歷，因此對「退休初學者」來說，不得不以摸索的方式出發，因此要求這種人描繪完美的人生設計是很苛求的！又一方面要立定完美無缺的計劃，另一方面卻又停滯不動，這等人生只會苦短，因此邊走邊思考是很重要的！

我以前曾經去過埃及，在那裡知道了他們的三種人生哲學，這三種就是「Inshra」、「Bokura」、「Marashu」。「Inshra」是依順阿拉真神的旨意，「Bokura」是明天有明天的風要吹，「Marashu」是順其自然。

他們毫不在意的任意爽約，讓日本人很吃驚，但是若質問他們，他們又毫不在乎的說：

「那麼請問你能預言明天的事嗎？明天會發生什麼事誰都不知道不是嗎？那不就是一切都依順阿拉真神的心意了嗎？」

此種想法是日本人無法想像的！日本人覺得他們實在是很胡來！因此勸告他們，可是他們竟說出下面的一句話，讓你啞口無言。

「明天有明天的風吹。」

「順其自然。」

他們以這三種人生哲學做爲後台，在長久的歷史中存活下來，並把將視自己爲奇怪人種的一群人，視爲異類。

在世界上有此哲學，因此在考慮第二人生時，不要過分微細的立定計劃，然後再去付諸行動，總之，漫步也可以，先走走看吧！

想過著過分周詳計劃的人生，依照計劃而生活，想過著拘束的人生也說不一定吧！

積極而充滿精力的姿態，會比年輕更強

實際上有許多人因與中高年齡者的生活方式接觸，而品嘗到意想不到的人生。

例如，有一個人在候車站等公車時，一位來自東南亞的青年跟他打招呼，因爲這個人本身不會說英語，便以冷漠的態度忽視這個青年的存在。第二天，這名青年又遇到一位外國人，使他知道了與外國人溝通的快樂，於是參加了語言講習會，進而從事照顧一些來自東南亞的難民，這種有意義的工作。

又有一個人，在自己並沒有對任何事有興趣的情況下而退休，所以覺得無事可做，正當他不知如何是好時，竟發現了自己對於鄰近主婦們在溫室內種植花草、蔬果，感到興趣，於是在半玩票的心態下，開始模倣她們，從事種植一些花草、蔬果，一天天過去，花兒漸漸的綻放，令他十分的感動。

現在，他想設立一個提供新鮮蔬菜的直銷處，他的夢想擴大了，希望嘗試與土壤相關的農園經營，並以此種方式來渡過他未來的人生。

另外還有一位，看到「文字處理機補習班」的宣傳單後，引發自己的好奇心，他雖然

對高科技的產品患有過敏症，但是仍不自覺的走入補習班，雖然剛開始用機器來寫東西，只不過是想寫寫信而已，而且順便在剩下的時間可以去聽聽文學講座的演講，但是後來自己竟很貪心的想將自己親身所經驗的戰爭寫出來，所以現在的他，已可以用文字處理機輕鬆的來寫文章，過著很充實的人生。

說了這麼多的例子後，其實中高年齡人的生活方法實在是多彩多姿的，對他們這種想過精彩的人生而盡情享樂生命的態度，值得大家爲他們喝采，說不定他們這種充滿積極及精力的態度，可能比年輕人更旺盛！

中高年齡人當中有許多人對自己的未來感到不安，也就是說有太多人對如何描繪自己未來感到迷惑，但是所舉出的例子中，這些人都會在迷惑時踏出第一步，因爲踏出了這一步，而掌握了許多預期不到的快樂人生，這顯然就是印證了所謂「Inshra」、「Bokura」、「Marashu」吧！

想像未來是光亮的玫瑰色，或許是有一些非分，但是相信只要有一些意願與毅力，即可創造快樂人生，做事有幹勁的概念，即是正確的。因此，現在就請各位踏出第一步看看！

不花錢即可追求自我滿足的方法

各位先回頭看看自己踏實走過的人生，現在分別是七十歲、六十歲左右的人，雖然出生的年代不同，社會背景也不盡相同，不能完全一概而論，但是各位都經歷戰前戰後的荒廢，在復興時期裡，抱著堅定的希望、與不安和憂慮奮戰，一直到今天爲止。

但不可諱言的是仍有不少人覺得「現在的確比往日的生活還安定，但心裡總還是覺得不安」。當然，這是和過去的不安與憂慮完全不同的煩惱，不管物質上有多富裕，煩惱都會終其一生的緊跟著你。

在此，若能換一個思考方式，將不安、擔心、糾葛視爲過快樂人生的强心劑，便會發現種種的不安、擔心及糾葛，其實是精神的進步，願望欲求等成正比的。願望愈大，則跟隨著期望而生的煩惱、糾葛也愈大。

在上班族的時代，任誰都有希望得到成功的慾望，及冀望得到別人讚賞的心態。對第二人生而言，也需要儘量的膨脹你的慾望，並使之極度的燃燒。尤其現在的平均年齡是八十歲，退休後仍有近二十年的人生，等著你來走，對於退休一詞，我的想法並不是

為了下好決斷的二十七個條件 ⑨

想到的那天便是黃道吉日，先踏出你的腳步再說。

「retire」這種否定意味的辭彙，而「restart」這種較積極性的論點。

我並不鼓勵毫無計畫而衝動的膨脹慾望，向慾望挑戰。各位既然都曾走過長久的人生，也都該知道，慾望的膨脹，需要有資質上及物質上的後盾。能巧妙的將自己與慾望加以平衡，這才是今後最主要的重點工作！

盛年後必須改變慾望的本質

爲了使各位容易瞭解，因此列舉一個表示人生滿足感及充實感的公式。簡單的說，分母是代表著人生的慾望，而分子則是代表作爲因素骨架的物質。當然，因人而異，因素也十分的複雜。

因此，分母的慾望過大，而滿足此慾望的物質條件，也就是分子太小時，就無法滿足達成感與滿足感。於是，很容易產生焦慮不滿，此時若能增加得以滿足慾望的物質條件，也就是將分子擴大，或將慾望調整至合於分子的大小，就可以得到相當大的滿足感。

以往因爲渴望功成名就、金錢、權力及名譽等過多的願望，而造成了許多的煩惱，當時依恃著年輕的精力而勉强克服關卡，到了盛年之後，就該改變慾望的本質而下定決心去嘗試，也就是將自己的目標朝向精神方面，以達成自己的滿足感。如擴大自己的興趣範圍，也可以用自己來發現快樂的方法，而利用地區性的義工服務或用自己一生的學習來磨練自己，也是一種手段。

如改變自己慾望的本質，而煩惱的本質也會跟著改變，如對任何事都能湧起品嘗未來的興趣，這樣對於那些利用金錢才能買到的慾望，即使失去了，也能增大對新人生的充足感及滿足感。

「不！我的企業會賺錢才是幸福的標準。」這樣說的人是在看輕自己，以爲向大錢挑戰，就可以快樂的人。

偶爾也需要「不計後果」的向前衝

我幾乎沒有買過彩券，因此對彩券並不是很瞭解，但至少我知道，若連買都不買的話，決不會有中獎的機會，因此，我自己雖然不會買，但也決不會說「明知道不會中獎，不如把他扔了算了」。

我想會說「彩券買了也不會中，不如放棄的好」的人，應該相當多，也有人會說「花那麼多時間來作夢，不如按部就班的工作。」的確，以中獎率而言，這就等於是在空中抓雲，真正是個夢想，所以「dream Jambo」這詞用的很恰當，但是只要有買的行動，即使得獎的機率很低，但還是一件有可能的事，反之，若不買則絕不可能會中的。

跟買彩券一樣，任何事若不去嘗試，就沒有實現的可能，許多人通常低估了決斷可以實現的可能性，所以很難踏出第一步，即使踏出了第一步，也常因覺得「太困難了」而死心，或是斷定「我做不到」。

的確決斷的實行是需要強固的意志，但是若不去嘗試，又怎能知道能不能做到呢？不去做就覺得「我做不到」而加以否定，就是自己放棄自己的可能性。

為了下好決斷的二十七個條件 ⑩

要積極的想，再差的槍法，也有打中的時候。

有一個非常有名的故事，也就是山多利的前身，創壽屋的烏井信治郎先生曾以「試試看」做爲社訓，鼓勵年輕人儘量去做新的嘗試。這就是「不試怎麼會知道？」也因此後來發明了「Tris」及「old」這二種酒，同時也是展開獨立廣告活動的構想泉源。更是使壽屋躍升爲洋酒最大製造廠的原動力！去年才去世的開高健先生，在其負責壽屋的宣傳工作時，以著名的撰稿員而活躍，但這位開高健先生，以前曾經說過，試試去做，就是精神上的泉源。

相對的，我們常可聽到某些董事長。社員有了新構想的企劃來開發新的商品時，他就說「那種東西是賣不出去的。」輕易的摘去了新萌的芽。

假定他是根據了市場調查的結果來說，他的做法並沒有錯，但若只是依著董事長的經驗及第六感來行事，是無法有新構想產生的。只要那個人擔任社長，那家公司大概也就不會有什麼發展了！

是否低估了實現的可能性？

不單只限於企業或生意，我們在從事某一件事，也可以完全適用。例如，有一個人在工作的閒暇時間，利用空檔而精通了中國話。這個人平常在製造場服務，工作十分忙碌並沒有屬於自己的時間，但在過了五十歲後，他給自己下了一個大決定。從現在開始學中文！

每天一大早起床，就跟著電視的中國語講座學習，在上班的通勤電車上，則利用錄音機來學習發音，又在假日時，用預備錄好的錄影帶來復習一星期中國話講座的課程。因此，經過了六年的時間，別說是會話，連讀、寫他都可以做到。最初他並不是想將它運用在工作上，也沒有意思靠它來增加收入，「只是想做點事看看」，但自退休後，他也考慮用中國話來工作了！

除此之外，我還認識一些過了五十歲，還取得公認會計師、稅務師資格的人，而這些人的共通點，就是「能不能做到是個未知數，但總要試一試吧！」的想法。

這也想做、那也想做，結果仍一事無成的人，是因爲有「想試試看」的念頭，卻無法踏出第一步的關係，在做事之前就認定了「沒有這麼多時間，一定做不到」及「開始做也不能持續下去」這樣想的緣故。將實現的可能性，不自覺的壓了下去。

若將沒有時間而做不到視爲藉口，這是行不通的，因爲時間是製造出來的，並且做不做得到，你不試試看又怎能知道呢？在做了之後，你還有可能意外的發現意外的樂趣，或自己的才能也說不定呢?!

倘若想做到這一點，我們就要用正面，而不要用負面的方向來思考，假定在開始的途中遇到了挫折，便認定「這件事是沒辦法做到的」，那就是負面思考。但此時若抱著「都做到這一步了！或許可以達成吧！」這種正面的思考，也許還能踏出第二步。

又如不容易下決斷的時候，不要去想像失敗的情況，而是要去想像那些成功的人，想像失敗者會覺得「連那個人都做不到了！所以這件事實在太難了！」不如想像成功者的樣子「那個人都做得到了，我想我也行吧！」那麼前程似錦的感覺，便會浮上心頭了！

你是否有提升精神生活的手段

我在年輕時加入了魔術俱樂部·TAMC（東京業餘魔術俱樂部）。因爲長時間以來都很忙碌，因此不常去。但是我仍會定期繳付會費。這是因爲我總認爲，總有一天會有上台表演魔術的時候。

有些人問我「難道你表演魔術的時候，會使你充分體會生活的充實嗎？」對我而言是的！不僅限於魔術，對任何事只要很深入的追究，都可發現它是無止境的。拿魔術來說，即使我現在正式開始做，我一輩子也無法進入他精髓的地方。

對不久要迎接退休年齡的人來說，事先準備精神生活是很重要的！若不早些具備生活的意義，便會使自己急速的蒼老，到了退休後才來準備是絕對趕不上的，說不定在你準備的同時，就順便結束了你的一生！

我有一位老朋友，他在四十多歲時，很努力的搜購美術全集，但他當時太忙了，以致於沒有時間看它，他的妻子向他抱怨沒有地方可讓他再推置這些書，並拜託他「如果你不看，那就不要買」，但是他並不理會妻子的抗議，還是不斷的搜購。我問他：「你是不是將來要開一間美術專書的舊書店？」

他回答說：「不是不是！我退休後只想盡情享樂，你可能會認爲我到了退休後再買不就行了！但是在退休以後，零用錢就不能像現在一樣可以自由使用，即使可以自由花用，我也想利用它去看看美術館的展覽，買些想買的東西。最重要的一點就是古今的名作，在十幾二十年後都不會有改變，但若在二十年後買本相同的書，那本書不知會漲價多少倍，因此，我現在買也比較有利的吧！」

及早發現生活的意義，就不會活得沒有精神

他講這句話時是在一九七五年左右的時候，而現在的他，依照當年的計劃辭去了工作，有空時就會看看美術全集或出國參觀美術館。正如他所說的，書本的價格提高了很多倍，這顯示了他的預言相當準確，這不就是愈早準備愈好的實例嗎？

我還有一位年輕時的朋友，在搜購古老的掛鐘。他是生於一九五〇年代前半的人。二十多歲時便開始搜購，到了五十多歲時，全家都是老鍾，而他的夢想就是能在六十歲時，將他所有的收藏品出版爲一本書，這是他的夢想，而向著夢想實現就是他的生活意義，像這種人，大概一輩子都會與喪失生命意義無緣吧！

③ 有備無患的決斷術

為了正確的決斷，須有萬全的準備

自己的人生只有一次，所以是很珍貴的。因此，對自己將來會走向何處的可能性，要自己來追求。回頭看看這段充實的人生，這是因爲在我年輕時，便已希望有一個滿足的人生的想法。

結婚之後，我之所以不想生孩子，也是爲了如此，我本身非常喜歡小孩，若有了孩子之後，勢必會搶走我所有的靈魂，反而把自己擱在一邊，以孩子爲重心來生活。

但事實上我想做的事很多，所以我的身心必需要很輕鬆，可以自由活動才行，因此選擇了不生孩子來享受自己的生活。

雖沒有孩子，但是可以與内人四處去旅行，儘管没有孩子，同樣也增加了許多有趣的事，因此我對這樣的人生，並不會感到後悔。

現在各位都知道我在年輕時，就已經考慮過對將來的生活設計該如何來準備。我認爲自己的人生要自己來下決斷，自己來創造，所以並不是一種靠著別人來生存的人生，而是一種靠自己力量而生活的真正人生，在我很年輕時，即有這樣的體驗。

為了下好決斷的二十七個條件 ⑪

要及早為退休做準備。

或許有些讀過本書的人會想「那不是要早做準備了嗎？如現在才開始，不是太遲了！」但事實並非如此，即使現在才準備，也不會嫌太遲，冷靜的來準備，一樣能夠享受到美好的第二人生。在買此書的同時，你便已經踏出你準備的第一步，所以人對自己的人生，只需向自己的目標，不斷準備就可以了！

在準備之初，最應考慮的事，應該是「命」。無論再如何粗短的人生，倘若你在出發之前，就丟了性命，實在是一點用也沒有。以我爲例子，我便因此放棄了抽煙的習慣，抽煙是與肺癌息息相關的，他會增高我們的死亡機會，況且肺癌與其他癌症相較，是種無法輕鬆死去的方式，因此我毅然地決定放棄抽煙。

世上一定會有人批評我那麼怕癌症還抽什麼煙！所以我乾脆戒掉它，也有人將要不要戒煙，視爲如二選一般的大決斷。若不事先準備考慮，那將來的將來，都要被這種該不該下決斷的心態困擾。所以在這些時候，應該要冷靜的來下決斷吧！

比如將生命的問題擴大，在生病住院時，你要選擇個別的病房，還是通鋪式的。如想要住個別式的，又必需要先準備一筆相當足夠的現金。假如親人們先去世了，你要選擇在自己的房子內自己生活，還是到老人院去渡過人生。都是重要的決斷，另外，還有墓地選擇的問題，墓地的選擇不同，人生的準備工作也不相同。

除了要對自己希望的人生進行模擬之外，有關生命的問題也會出現需要做準備及下決斷的情況。所以將這些先一一徹底的來考慮是很必要的！絕對不草率的胡思亂想，而要以合乎現實的嚴厲眼光來觀察，對每一件事模擬狀況，以做爲下決斷的準備，這樣一來，你便會發現，除了生命之外，資產、家人、朋友、生活水準及精神上的滿足感，都會一一顯現了。

完整的事前準備，可減少出發所需的能量

資產是個相當重要的問題，以住在國外或是國內而論，若要住在外國，是要住在美國還是泰國？若要住在日本，那要住在都市還是鄉村呢？倘若有了財力做後盾，我們便可以選擇夏天住在加拿大、冬天住在夏威夷，如果沒有什麼財力，就將就選擇住在美國，若這也做不到，就選擇住在泰國，如果覺得都市生活太花錢，那麼住在鄉下也可以。

如果現在賣了在都市中的房子，而到郊外去買一幢小小的屋子，多餘的錢便可以用來做生活費，以這種生活規劃來過日子，這也是不錯的！但這些都是因爲財力問題，不得不下決斷的事。

又財力也是決定你是否再繼續工作，還是生活在興趣世界中的關鍵，若有雄厚的財力，就可以去做自己有興趣的事，但是如果沒有多餘的錢，退休後必須再找另一份新的工作做，當然許多人之所以再找份工作，是爲了想工作，而並非是財力問題。

此外，想將生活水準定位在什麼地方？這也與資產有密切的關係？究竟將資產留給子孫，或是自己把它用完，這二種完全不同的決斷，也會使生活設計有完全不同的結果。

所謂「有備無患」，有準備的人，比較能順利的向第二人生出發，在出發時，也毋需花費太多的精力，所以將第二人生用自己的方式來完成，就必須事先考慮準備！

死亡時清算一切的「負面人生」

我的朋友，有人揭櫫著「負面的人生」這種有趣的口號，以實踐自我原則的生活方式。簡單的說就是「財產以及資產的多寡，是無法做爲前往冥途的禮物的！人生的最終點必然是零。」的思考方式。

因爲有這種想法，所以在三十歲時，就參加了非常昂貴的壽險。他認爲壽險並非只有老年人才可以加入，若在年輕時先加入，保險費也較便宜，他認爲「自己死後所得到的人壽保險金，便可以償還自己積欠的債款。」所以他加入了數個保險。

老實說，若以一種適用於人壽保險死亡方式的方法來死，這是沒有問題的，但是人並不見得都會得到合乎自己的人生閉幕方式，所以人壽保險的制度是好是壞還很難說，但是就負面人生的想法而言，則是值得去評價的。

這也就是將以往所累積的資產，做爲老後有意義的生活代償，最後變成零而死去，這是種理想的「負面人生」也可說是一種人生計劃，一個正確的決斷，像這種生活計劃的立定方法與日本傳統的「留美田給子孫」的想法，可說是相互對立的。

年老後以自己的能力生活的人正逐漸增加

在歐洲，「自己的人生是自己的，子孫的人生是子孫的」，多數的人都有這種理智的想法與生活方式。甚至於還有將自己的財產等價賣給子女的情形。現在的法國，甚至還出現「請照顧我們老後的生活。在我死後我會贈予你我所有的財產」的廣告。像日本人這種送房子給子女，然後與子女們同居，一切受到子女照顧的景象，在歐美等國是很少見的。

反過來說，一般的日本人，都過著「負面人生」的生活，因此有這種想法也是稀鬆平常，各位想一想，除非是大資產家，根本沒有人在買土地時，可用現金來支付的！一般人都以二十年、三十年的分期付款，每個月幾萬元，還有獎金的數十萬元，不斷的支付下去，於是多數人開始過著類似「負面人生」的生活。

在日本的自治體，也有指導並實踐「負面人生」的福利服務處。例如，在東京都武藏野市所進行的「福利資金服務」，便是武藏野市根據「福利資金貸款條例」以接受福利者的不動產做爲擔保，貸款給需要資金的事業，他所貸給的對象是福利公社所進行的「有償住宅福利服務」中所必要的費用，如生活費、醫藥費、住宅改革費等，在能做爲擔保的不動產評價額之限度內接受貸款，也就是利用自己的財產，來接受福利服務。

其他的自治團體與民間企業，也有採用類似制度的情形，各位不妨將自己的「負面人生」與之對照，並自我檢視一番。

希望能過著將既有一切完全奉獻，以沒有資產一身輕的狀態來向俗世道別，以此過著不後悔的人生。

趁著年輕進行精神排演，遇到狀況才不會慌亂

我們在遭受到無法預測的事情時，會陷入極大的恐慌之中，像是大地震，鄰近地區發生火災或是遭遇事故時，人們因爲對於此種事態應該如何處理毫無頭緒，所以會採取一些無意義的行動。甚至有人因爲這些危險的行動而受傷。在事情過後，經由冷靜的思考「爲什麼我會做出如此荒唐的事」，便可知道這行動是在恐慌的情形下，不經大腦而採取的。這是因爲平時並沒有訓練自己在事情發生之時，該採取什麼樣的行動，只要訓練過，就一定會沈著冷靜的行動，不致於出現喪失性命的嚴重的事故。

在全國防火運動的期間，有許多企業進行的避難訓練，便是想像在火災時，大家從太平門方向逃出去的方法和順序，這便是希望大家因此記得途徑，以便在實際火災發生時不

為了下好決斷的二十七個條件 ⑫

先做好退休時的精神排演。

致慌亂，亦能有秩序的避難。

這對於今後自己的人生，可說是相當有用的，也就是事先想定情況，再進行精神排演，一旦有事發生，就不會慌亂，這種精神上的排演是相當有用的。

癌症的告知也是一個重要的問題。究竟是希望被告知呢，還是不希望被告知？癌症若早期發現，其治癒的比例相當高，另一方面，若發現晚的話，又是種必須面對死亡覺悟的可怕疾病。因此若得到了癌症，究竟你希望的，是到死為止，都不被告知，以免體會面對死亡的恐懼，或者是希望被告知，以體會生命的尊貴與死亡的意義。

倘若不曾思考過這些問題，便被人告知已得了癌症並「最久也不過三個月」，那麼在死亡之前，這個人所受到的大打擊，恐將令其難以承受了。但若在知道自己得了癌症「只剩三個月」時，事先自己已經思考過這個問題並有了準備，就不會因此慌亂！至少對我來說，我已做了心理準備，即使知道自己得了癌症，雖然多少會有些心理上的打擊，但該不會發生什麼悲慘的事。

若妻子先死，那該怎麼辦？這是個大問題。倘若自己沒有被不治之病所侵犯，長久過著與小病纏鬥的生活時，自己該怎麼辦呢？所以事前的心理訓練是很重要的。

除此之外，孩子結婚時原本要住在自己家裡，但現在又不來住了！出嫁的女兒與丈夫分手又回到娘家，原本希望將興趣與工作結合，以悠悠自適的態度來生活時，突然發生了偏差，無法將興趣運用於工作，或是想賣了都市的房子，到鄉下去生活，但出售的價格卻比想像的低太多，需要做模擬演練的，實在是不勝枚舉。

準備好因應生活變化的具體答案

最重要的，就是一邊做心理訓練，一邊對每一個搜集而來的訊息加以思考，若自己遇到狀況，應該如何處理，由自己先提出答案。有時為了某些事，而必須放棄現在的人生，以其他的人生來繼續下去的情況很多，所以，也必須對另一種人生進行思考。

人在活著的時候，會發生什麼事，這是不可預知的。因爲這點，才會讓人覺得有意義。有變化的生活，同樣的也會出現事物的偏差，所以事前的心理訓練，是極爲重要的。

我有一個朋友，以自公司退休爲契機，購買了夢魅以求的田園空屋，便與妻子相偕居住，剛開始，對於能體會自然的生活，而感到十分滿足，在小小的田地上耕植蔬菜過著快樂的自給自足生活。但是一年之後，太太開始憂鬱，先生問她原因，太太便說：

「鄉下什麼東西都沒有！我想回都市！」

對這句突如其來的話，先生覺得非常吃驚，但自己回想起來，太太是生在都市，長在都市的。習慣了不停運作的都市生活。一度以爲田野的生活也不錯，所以才遵從先生的意見，可是不久就覺得無法忍受了。

他們後來如何我並不清楚，但以先生而言，會對此事產生誤算，並不是他的錯，只是究竟他是否已預料了會發生此事，而做了精神排演了呢？這才是真正讓人擔心的地方。

一天給自己一小時，找出離開公司後自我的可能性

以律師、會計師、翻譯之「資格三冠王」而著名的黑川康正先生，有一套極爲高明的

時間使用法。我拜讀了他的「資格挑戰」一書後，才知道黑川從不浪費一分鐘的時間，除了睡覺之外，他的每一分鐘都做了最大幅的運用。

在來回上下班時的通勤電車上，走在街上，上廁所、刷牙，也都一心二用的不放過任何可以讀書的機會，不然是無法拿到這三項資格的。

人總是在口頭上不停喊著忙，但是仔細一想，其實有很豐富的時間。的確，二小時、三小時這種整段的時間是很難得，但若將被切斷的兩個一小時，合成為一個兩小時；兩個三十分鐘合成一小時的時間，就不會是困難的一件事。

現在，把這段時間有效的使用，這是與公司無關，完全屬於自己的時間，而且要把這些時間全部用來找出自己將來的可能性，這是我的建議。

將時間截然的劃分，決定「這一段時間是自己的時間」，與「空間的時間才是自己的時間」是完全不同的兩種想法，最好的決定，是「這是我私人的時間，不許任何人佔用」，這樣才可能有效的加以運用。

公司人腦中所思考的事，幾乎全部與工作有關，為了排除這種想法，最好還是決定一段完全屬於自己的時間。

那麼決定好的這些時間又要如何運用呢？這也是必須思考的問題，大致說來，只用於

為了下好決斷的二十七個條件 ⑬

考慮不被公司所束縛，不依賴、不拘小節的生活方法。

尋找自己的可能性就可以了，例如對語言有興趣，可以聽語言的教學錄音帶！或是讀些有關語言的書。要不然，讀讀介紹有關各種不同生活方式的書也不錯，而對資格取得有興趣的人，也可以閱讀一些有關如何通過檢定考試的書籍。

小事情的累積，是通往大決斷的程序

上班前或是下班後有時間的人，不論他想做什麼，都可以做到。可以花一個小時做一首詩或俳句。也可以用碳筆畫一幅畫，或是欣賞別人的作品，或去游泳訓練班，或剪貼自己感興趣的新聞報導，更可以進行個人電腦的通信工作。嘗試所有的事，找出自己將來可以做些什麼，是很重要的。

我現在想勸各位閱讀「公開徵求指南」（鑽石資訊出版）月刊中的公開徵求資訊誌。小至全國的自治體及企業之標語，或命名的徵求，大至作文、論文及文藝獎等與文藝有關的或象徵記號、插圖或雕刻等與藝術有關的，或是照片、錄影比賽的介紹，作詞、作曲的募集等，滿載著各種各式各樣的徵求資訊，一點都不會讓你厭倦。

在閱讀之中，保證你會有「好！我也來挑戰看看」的心情，這種心情是與年齡無關的，喜歡讀書的人之年齡層，聽說其幅度相當廣泛。

在這本雜誌中，介紹了一名年約六十五歲的「公開徵求迷」退休後，他買了文字處理機來寫些自己有興趣的旅遊記事和個人歷史。他便是在書店發現「公開徵求指引」之後，片刻也離不開這本雜誌，現在他應徵了命名及作詞的比賽，還參加了新作歌謠詞、自由都市文學獎的比賽，目前正在等待結果，且顯得非常的容光煥發。

看到這本雜誌，一天花一小時，找出自己有興趣的公開徵求，動動腦，不正是找出自己之可能性最方便的一點嗎？會不會入選另當別論，挑戰，便是使自己的才能開花的準備，這樣不是比較能以輕鬆的心情來應徵嗎？不妨也試一試吧！

爲了工作而使用的大腦，只要有一小時自己的時間，就可以轉換自己的心情。或習慣後還能促進自己頭腦的活性化，對工作也有良好的影響。

這種良性循環，會使人生有意義，使得容易對自己的未來感到悲觀的人帶來希望和光明，是無庸置疑的事。

一天只要一小時就夠了，即使忙得沒時間，也要想法子找出時間，當做思考自我的時間，一定會因爲發現了想不到的自己而吃驚。

覺得不甘心的事，正是你現在想做的事

有不少電影迷因爲想看外國電影，而去學習英語。儘管有本國文的字幕，但是在看字幕時，往往會忽略了説台詞時演員的表情，雖然知道情節，卻因此無法領會其微妙的含意。對一個電影迷而言，這不能代表看過那部電影了，於是因此發願研讀英文至不用看字幕也能了解的地步。

此外，由於披頭四的出現，而想學習英文的人也不在少數，雖然説音樂没有國境，但是無法了解歌詞，也就無法體會他們的音樂，由此開始學英文的這些人，多半跟披頭四同代，也就是戰後嬰兒潮的那批人。

已故的植草甚一先生，以現代爵士評論家及懸疑小説評論家而活躍，其特殊的評論及

生活方式很受年輕人歡迎，由於他認爲美國的雜誌刊載著許多有趣的內容，因此爲了想閱讀而興起了學習英語的念頭，後來他以同樣的理由，學習了法語。結果他雖然沒有去過美國，卻比那些差勁的美國通，更加瞭解美國，連對美國紐約的陋巷都可以精通。晚年得以一償宿願，終於去了美國，因爲知道何處有些什麼東西，所以一點都沒有迷路，並將這種情形以輕妙的筆法寫了下來。

把不甘心變成動力，即無意中踏出第一步

不管是電影、披頭四，或是植草先生，基本上都因不懂英語感到不甘心，而化成奮發圖强的動機，像這些例子，在世界上更是不勝枚舉。如到國外去旅行，自己雖然不懂英語，卻總想著「反正有朋友幫我」，到了當地一看，朋友講話很流利，看來一副快樂的樣子。然而自己卻處處不能沒有朋友的幫助，再沒有比此時更感到不甘心的了！於是回到本國後發憤開始學習英語的人，應該有不少吧！

在我認識的人中，便有以同樣的動機而精通德文的。

他服務於機械專門處的中堅公司，英文講得十分的好，但是有一天，公司打算推出與德國交易的方針，這對公司而言是個決定將來的龐大生意，於是便以能講德文的人員爲中

為了下好決斷的二十七個條件 ⑭

把不甘心的心情做為動力，付諸行動。

心，組織了企劃小組。他因爲完全不懂德文，所以當然無法成爲企劃小組的一員。

但是和他同期入公司且在公司內是勁敵的A先生，因多少懂一點德語，而被選爲企劃小組的人員，所以精神十分的抖擻。公司對此事的重視，幾乎是賭上了公司的命運，所以，被選爲一小組成員的人，等於是被期待將來的人，相對的，沒有被選上，則被視爲落伍者。於是他馬上奮起的學習德語，一年後，他的德語比A先生好很多，因此順利成爲企劃小組的一員，並成爲支柱而活躍。

他的情形是因爲工作上的需要而學習，但基本上也是因不甘心而引發動力，使他奮起。

不僅限於外國話，這種情形在各方面都

有。

想做某件事，卻不知做什麼才好，所以無法下定決斷，像這樣的人，若把事情反過來想，也就是說，因爲自己不會的、不知道的或比較差而感到不甘心的事，也就是你想要做的事。

這樣一來，不甘心便成爲你的動力，可使自己提起幹勁，也容易繼續下去，如果你曾因不懂外語而吃虧，那就向外語挑戰。如果曾經因爲不懂法律知識而有倒楣或失敗的經驗，也可以試著研讀法律。

請妻子協助人脈的建立

前幾天，一九九三年度日本職業足球聯盟元年的頒獎典禮，我們夫婦都接受招待而出席。當時的表演，是具有國際水準的漂亮演出，令人佩服。據說是川淵三郎先生所想出來的點子，男性必須是黑領帶，女性也要盛裝參加，是一個脫離日常性的良好構思。

在日本，夫婦相偕出席的機會實際上很少，但我從四十歲之後，因有意識的注意整個家族的交際，所以無論是親密的朋友，或新交的朋友，都與夫人相偕聚餐或活動。我也一

為了下好決斷的二十七個條件　15

要獲得人脈，就要請夫人相伴。

定會要求對方「請與夫人一起來」，落實多湖式的網路。當然這必順以對方方便爲原則，決不會强迫他們來參加。

由於工作的關係，我和太太一起到歐美旅遊的機會很多，所以對外國夫婦的作法頗有同感。歐美的妻子與日本的不同，他們很擅長提升自己的丈夫，很有社交的手腕。

縱然工作時都露出一張嚴肅的臉，但是在有夫人爲伴的私人交往時，便能看出與工作時不同的一面，往往能真誠的互相來往。

我自己本身在交往中，得到內人的許多幫助。在男人的聚會中，常以工作或高爾夫球作爲談話的焦點，很容易在活絡的氣氛下，飲酒過度。而以夫妻爲單位的集會，容易以有趣的話題開始交談，使衆人相談甚歡。

以夫人為伴，才有眞心的交往

與我十分親密的公司董事長，在我告訴他以夫人爲伴的好處後，他便立刻實行。之後他說，他因此認識了各方面的人並與之有了網路，除了讓公司內高級主管彼此交換資訊之外，但也是爲了獎勵太太們平時的辛勞，因此獲得了好評，這種交往方式，會在生意上有巧妙的影響，而且朝著意想不到的方向好轉。

尤其是退休後，除去頭銜，建立能真心交往的人際關係是非常重要的。也就表示著，過了六十歲，以後的網路重點便是以夫人爲同伴。

在醫院裡，往往特別容易出現「巧妙的動機」。也就是說丈夫因某種疾病住院，住院就是動機，丈夫與其他的病人認識，不久彼此的太太也跟著熟稔了起來。出院後也互相傳達訊息，而發展爲真心交往。

用一點點的時間，一點點的動機，彼此能了解真心，即能產生以真心長久交往的網路。

④ 船到橋頭自然直

「再大的象，也能一口口的吃掉牠」——鮑伯·托斯基的名言

這是曾經以高球巡迴賽而活躍的美國選手，鮑伯·托斯基說的一句話。他目前以職業教練而廣泛活躍著，並以指導職業選手之揮桿動作，而獲得「指導行家的行家」這種極高的評價，只要是打高爾夫球的人，一定聽過他的名字。

他所要說的是，打高爾夫球要先定下可以實現的目標，達成之後，再定下下一個目標，只要不斷累積，每個人都可以得到進步。提到高爾夫球，我們業餘的人總是想要一口吞下巨象。也就是不經練習，就想揮出二百五十碼的距離。或是練習時只拼命想揮出低於一百竿的成績，托斯基便是在告誡這種情形。目標不定而漫無目的打球，是沒有效果的。相反的，叫你定下目標，卻訂立了不可實現的高目標，結果完全無法達成，反而失去了幹勁。

他奉勸各位應以自己可能完成的程度作爲達成目標，然後以達成目標來練習，達成之後，再訂立高一點的目標，向更高的達成目標而努力。假定達到二百五十碼是辦不到的話，可以設法讓球飛得更遠，於是，就必須鍛鍊腰力及腿力，更要矯正自己的姿勢及球桿

為了下好決斷的二十七個條件 ⑯

立定大目標前，首先向著小目標。

的握法，還有向後收桿及從將桿子向後拉回開始。

最後也很重要，在可能實現的範圍內立定目標，逐漸達成才能實現提高球飛距離，設立階段的目標，逐漸加以實現，才可能體會到成就感，也才有繼續下去的勇氣。

設定小目標才能體會成就感，也才有繼續下去的慾望

減肥也是相同的情況，開始時只要能減輕一公斤或二公斤就很好了！接著再以五公斤做為目標。

無論如何要減去十公斤，不如先減五公斤再說，這樣一來，只要將目標放在再減五公斤就可以了！但是若過分的貪婪，開始就立定要減去十公斤的目標，僅減去一公斤或二公斤，便覺得無法感到成就感，如此下去，體重也不容易再予減輕，不久就覺得「算了！」而放棄了！不如按部就班，一階一階的向前踏進。鮑伯的建議是適用於一切情況的。

如下決定想在退休後取得某種資格。因此有許多人就會到書店去，買些參考書來加速自己讀書。如果問他「目標呢？」他就會回答「現在開始努力的通過檢定考試，退休後就可以靠這種資格來賺錢」。的確，擁有了資格後，賺錢的可能性就可以擴大。但無論什麼資格，都不是容易取得的。尤其是要利用工作的空檔來讀書，必須有計劃的來進行。如果要做到，最好的方法是先立定小的目標，依階段一一達成。

「用取得資格來賺錢」是一個大目標。一開始就立定夢一樣的目標。要達成大目標，也就是要通過檢定考試，需要做的事實在太多了，容易使人感到絕望。所以有很多人在中途受到挫折。

但是在漫長的過程中，如分段設立小目標，就很容易征服。首先向第一個目標出發，到達之後，再重新向第二個目標前進，這樣一來，不就可以一步步踏實的朝夢前進？當然必須有需要花相當多時間的覺悟才行，就如同我說了好幾次的，決斷的時間，要愈早愈好。

我也曾計劃要長久住在美國或是澳洲

我在四十歲時，因工作的關係，曾在美國的柏克萊過著一年的海外生活。

柏克萊是個少雨且溫暖的氣候區，是個就算在寒冷的冬天，一月時也會繁花開放，容易生活的地方。再加上只要數分鐘的車程，就可到一個廣大的高爾夫球場。對於喜愛高爾夫球的我來說，簡直像樂園般的土地。

尤其在夏天，太陽下山的時間很晚，所以能夠儘情的玩到晚上八點左右。在生活方面，雖然語言及生活文化不同，但是當地的人，人品良好，只要入鄉問俗，再加上自己的努力，該是沒有問題，因此，我的海外生活無拘無束的沒有任何障礙。

很不可思議的，一度在開放的土地，品嘗過自由的生活後，突然湧出了前瞻性的想法，覺得世界上並沒有什麼無法達成的目標，我雖然在柏克萊生活只有短短的日子，但是卻在考慮未來的生活方式上，得到了寶貴的體驗。

第二人生的生活形態，我盼望能依自己希望的方式，有意義的渡過。年老之後，優閒的在故鄉生活也是不錯，但是，我總認爲生命的一生，未必一定都要在日本渡過，但是，必須考慮家族、親戚、朋友，還有工作等，自己各方面的背景，遷居不是一朝一夕就可下決斷的事。

當然這絕對與單純的搬家不同，需要有應有的準備，金錢的花費，自亦在所難免。

為什麼要拘泥於日本呢？

那是距今二十年以前的事，結果，當時美國是個大國，也存在著前進堪憂的疑慮，從我自己的研究裡，我發現除了醫療問題及老人福利的問題之外，治安也是令人擔憂的部分，美國在那個時代裡，還擁有太多的不確定因素。

我也曾對澳洲、夏威夷等其他土地產生憧憬，不斷地想像著。但到目前我依然堅持「居住的地方，未必一定是要日本」。每到外國旅行時，我總向當地的日本人詢問該國的情況及有關生活的資訊，每次都覺得「日本也是這樣」。摸索不拘泥於任何事的生活方法，才能有充實的生活方式。

現在每年約有一千二百萬人次在海外旅行，由於生意的關係，長期滯留的人中因爲某種原因決心生活在海外的，約超過七十萬人。

以前在某雜誌上看到，有一個人在過了二十八年的薪水階級生活後，搬到南方小島上

為了下好決斷的二十七個條件 17

仔細思考居住的地方是否非日本不可。

去生活的記載，記得是在菲律賓謝復島附近的小島，聽說他用退休金的一部分把它買了下來，以置身於自然的情況下，開始過第二人生，最初與島民有溝通上的困難。

但在三年後已可用當地的語言來交談，完全成爲島民中的一員，是個悠悠自適的過生活的記事。

像這樣，爲了達成小時候的夢想，一定必須下定別人所無法想像的決斷。

我並不是要强迫「老後想在故鄉生活」的人，到海外生活。要使第二人生有意義的渡過的方法之一，就是此種不受限於任何事的決斷，這樣才能有了不起的第二人生，因爲自己的人生，依自己的生活方式計劃、實踐是比什麼都重要的事。

是否建立了有希望、前瞻性的人生計劃

我本身因工作的關係，曾有短時間在海外生活的經驗，我有很多日本朋友在海外悠悠自適的生活，因此，對於將來要到海外生活一事，我並不認爲是種非現實的想像，事實上，開始時是想在美國，第二次是想以澳洲做生活據點，我都親自調查過當地的情況。

當我認真的考慮要定居澳洲時，曾實際到當地考察過，而且興緻勃勃的。看到實物，我更興奮了，廣闊的土地，幾乎有上百坪的，而建築物也十分寬敞，還是6LDK的隔間，又有氣派的巴檯，在乍見的那一瞬間，對海外生活的衝動也極遽升高。當時剛好處於日本泡沫經濟的時期，都市及首都圈的公寓價格高漲，而澳洲的房地產差不多只有日幣二千萬元，一想到這點，我的夢想就更爲膨脹。

但是在冷靜思考之後，由於不住在日本，工作無法持續，所以我克制了自己的衝動，不一定非現在找到定居的地點不可，發現自己喜歡的地方，可以先停留一段時間再說。暫時還是以日本爲據點，然後到各地去旅遊，只要考慮現今的情況，我就覺得當時的決斷是正確的！但是我又常想，如果那時做了不同的決斷，移居澳洲，現在不知道會是什麼樣的

情況。

不管做任何決斷，當時所下決斷而形成的狀況，必然會持續下去，而且，我想這個決斷，必然是第二人生中很重要的轉捩點，也就是說所謂下決斷，並不是「ＹＥＳ」「ＮＯ」的問題，而是「Ａ」「Ｂ」選擇之優先性，而且，必然受當時的運或微妙直覺的影響。

另外成爲決斷之轉捩點的運氣或微妙的直覺，則決定於自己將來之理想及人生的設計。「將來或許是這樣」的推量性人生設計，與「將來想這樣」的願望性人生設計，對自己未來的方向，必有極大的影響!事實上由於個人資質與物質背景之不同，狀況也會不盡相同，但是我想後者前瞻性的人生設計應該會擴大第二人生的寬度。

有人對我說：「像你這樣不會對未來感到不安的人，退休後大概會想要過悠悠自適的生活吧！」

但是對貫徹「生涯現役主義」的我來說，還是有許多的不滿，除非將一個個的不滿解除，否則便無法得到充實感，情緒也無法穩定。也許這或多或少是自己任性的一種生活方式，我打算再從事一段時間的創作活動，自己磨練自己，然後跟許多國家不同行業的人交流，對國家的未來，盡一絲綿薄之力。

「反正……已經……」是六十歲的最大禁忌

某位廉價商店的董事長，我曾在電視上聽到他說這樣的一段話，讓我不知不覺豎起耳朵仔細的聽。

「我們的生意就是有『更』，而沒有『已經』。」

這意思是廉價商店是以低價爲獲勝的關鍵，因此以購入商品儘量便宜，出售價格也儘量便宜爲使命。他的想法就是「更便宜採購」「更便宜銷售」，假定認爲已經無法更便宜採購，自然無法更便宜銷售，當然也不能在競爭上佔據優勢。

我覺得非常有道理，「已經」下面一定連接否定句，「更」則必然加上希望或想要的字眼。諸如「身體已經不聽使喚」「已經沒有工作的企圖」「我們要更加油」「更想要工作」。

據說廉價商店在員工集會時，「已經」是個禁忌，如打破禁忌就會被罰金。

即使只是一句話，我們的心情就會完完全全的不同，說出「已經」，心情就會感到消極。另一方面，「更」則可變化爲積極的態度。

為了下好決斷的二十七個條件 ⑱

只要有現在還不算遲的想法，一定可以做到。

這點可能成爲中高年人今後生活方式的參考。

年紀一大，身體處處都有了毛病，容易有諸如「我是不是已經不久於世」或「已經要退休了」之類的想法。愈是這樣想，心情就會愈沮喪，但實際上並沒有這麼嚴重，大部份的人都是被情緒的枷鎖弄得動彈不得，重複的說否定的話，反而使自己中了圈套。

因此以後不要說「已經」這句話，而要多用「更」，各位覺得如何呢？語言的暗示十分强烈，「更……更……」的說法，可以使自己的情緒發生感應，所以，千萬別忽略了。

「想更提高體力」「想變得體型更好」「更認真讀書」「歌唱的更好」「更多去旅

行」「變得更强」「寫出更好的詩句」「拍攝出更好的照片」。

於是，大腦受到正面的暗示，原本做不到的都做到了。而且這也是找出自我的可能性的線索。

說出禁句時發給一張黃牌

雖然並不是前面提過的廉價商店，但是，每說一句「已經」便給予處罰的規定，其實是很有趣。以太太爲對象，若說出「已經」這句話，就像足球比賽一樣發給一張黃牌，累積了三張，就必需帶太太出去買東西，或是要洗衣服，因每次都要接受太太的要求，這樣一來，就不會常常用「已經」這個字了！

當然，若覺得買東西及洗衣服很快樂的話，就會有「更想洗衣服」的欲求不滿，遇到這種情形，若發現洗衣服是件快樂的事，那就儘量去洗衣服就可以了。洗衣服的同時，你會發現有的布料容易清洗，有些則不易，或者爲什麼洗衣機的容量是用公升來計算的？或許，你會因此找出自己的可能性。

據一位學弟的說法，他的父新是非常不認輸的人，他認爲說「不懂」，是十分可恥的，所以不論問他什麼，他都會用「我知道」來回答，但仔細追問他，「這是什麼意思呢？」他又說：「我先去拿包煙！」然後消失在自己的房間裡。過了一會兒，父親含著香煙回來說：「我現在仔細的說給你聽，你等一下！」然後慢條斯理點著煙說「這個是這樣的……」開始說明。

然而事實上，父親被問到了不知道的事，就會偷偷溜進自己的房間內調查，卻裝作一副一開始就知道的樣子，來向孩子們說明，而到自己的房間裡去拿香煙的行爲，是爲了不讓人發現的一種小道具。父親的行爲底牌，是我的學弟在過了相當年紀後，才聽母親說的。

「我一直佩服我父親什麼都懂。」

我的學弟半苦笑的告訴我。因爲他在過了八十歲，精神仍十分抖擻，大概在長壽方面也不肯認輸吧！我的學弟偶爾回到自己的老家，向父親請教些問題時，會順便說「不用去拿煙草了嗎？」，他的父親也報以笑容，彼此享受著非常溫暖的時刻。

你何不模仿這位父親做個不認輸的人？這樣說不定也可以找出自己的可能性。

要向藝術挑戰，先從鑑賞出發

在我所認識的朋友中，有一對夫妻，太太是行動比思考先的類型，先生則是在行動前會仔細思考的類型，因這種對比，互相彌補了對方的缺點，相處得相當的順利。

但是偶爾也會有爭執，太太看先生覺得有時太優柔寡斷，先生則覺得她實在是太急躁了，萬一碰到兩個人情緒都不好，就會大吵一架。

先生是在半年前自一家販售公司退休的。現在一副無所事事的樣子，他認爲爲公司奉獻了身心，實在需要休息一下，因此認爲現在是他的休養期。過了一陣子，他告訴太太想要正式開始畫畫了。根據妻子的說法，他想畫畫，是在還沒退休前就已經提過了，到現在卻還沒做，對先生的這個樣子，太太埋怨的說「看他這個樣子，我都急死了！」大概不久又會吵起來了！

看來先生爲了畫畫，花了相當長的時間準備，所以反而開始迷惑起來。他慎重的性格，使他正式要去畫畫時，買了美術雜誌來看、又看電視上的美術節目，所以反而出現「我没辦法畫這麼好」的想法。

如果想對某事挑戰，不要東想西想，先開始行動會比較好。因爲越考慮，就覺得困難越多，反而會降低自己的熱度。結果在放棄之後，又覺得「啊！那時候做還是比較好」而後悔不已。如果當時做了，說不定現在已經小有成績了！因爲没去做的緣故，連自己是不

為了下好決斷的二十七個條件 ⑲

行動的第一步是由看、聽開始。

是這塊料都不知道，這不就是等於自己放棄了自己的可能性嗎？

而最初的出發是觀看及鑑賞。觀看會在腦海中留下意象，人是非常奇怪的，無意識的想像通常也會令身體跟著想像而活動。

想畫畫的話就到美術館去看看，想彈吉他就到音樂會去聽聽。多看、多聽，用身體去體會。若一開始就親自使用這些工具，反讓自己感到不安，而無法踏出第一步。

有繪畫慾望的人，必然認爲自己有這方面的天賦，而對繪畫一點興趣都沒有的人，是連動手提筆的心情都不會有的。

因此若想繪畫的話，不要重新準備什麼，就算剛開始不懂也沒關係，立刻就去試試看，我想這點是重要也是必要的決心。

過大的目標，會使人立刻受到挫折

若不是以繪畫做爲職業，而是豐富人生的嗜好，那麼只要快樂的去做就夠了，實在是沒有去恐懼它的道理，想繪畫的熱情一鼓脹起來，不管畫的好壞，以自己的方式畫下去就可以了。

只要面對畫畫，也許會慢慢地提升你的技術。這麼一來，這也想畫，那也想畫，說不定最後還來個素描旅行呢！試著考慮自己的能力去開個畫展，以開始畫畫做爲動機，我想夢也會逐漸膨脹起來吧！

這一點不僅限於畫圖，作曲也是一樣，不一定要學習作曲的方法，隨手爲一首詩配上音符，這也是一種作曲。在非小說作家加藤仁先生的「有夢的退休」（文藝春秋刊）中，便出現過實踐的例子。

他以下面的故事說明了作曲的容易。小學時，老師給我看一首詩，我就可以隨手給他加上音符，雖然作得不好、但這是連小學生都會的事。自農協退休後的七年間，已做了六百五十首曲，實在是很厲害。從街上的電影院工商業廣告主題曲，移動動物園的主題歌及幼稚園的園歌，作曲的範圍極度廣泛。現以市鎮音樂家著名的他，一開始時，只是隨意的配上音符罷了！

如果一開始就想畫出「了不起的畫」或是「驚世駭俗工作」，會因目標過大而感到負擔，容易在途中受到挫折。像前面所介紹的那位仁兄一樣，連動手去做都做不到的人太多了。

懷抱大的夢想雖然不錯，但開始時則需要從鑑賞下手，一開始的出發是很重要的。如果想決心畫畫，那就不要懷疑，馬上到美術館去看看吧！這是件很要緊的事！

製造勁敵就可以使動機維持下去

假設你在退休後把語言當成興趣來研究，那麼透過書、收音機、電視機來學習，與透過語言教室來學習，兩者進步程度是不同的。

靠電視、收音機學習是單獨一人的。所以，無論如何不易緊張，且容易一意孤行的去讀、去寫。結果變得不夠認真也不容易進步。另一方面，到語言教室去，因身邊有很多同學，因爲不想輸給別人又付很貴的學費，毫無疑問的會認真的想學好它。結果，上課時切實會感到自己在進步。

不想輸給同伴的心情，在讀書及競爭的世界是經常存在的。將特定的對手視爲較勁的目標「絶對不輸給那個人」。具有勁敵意識，對讀書會產生慾望、鼓起熱情。因此在有同伴的補習班裡學習，離進步之道比較近。

當然，看書或聽收音機或看電視來學習的人，若把同樣在學習這件事的人視爲敵手，則學習起來也較有勁，加快進步的速度也是理所當然。總而言之，學習的手段，最重要的是製造勁敵，只要有了勁敵，在家學習或到補習班去學習，都是一樣的。

當然，不僅限於語言，想向某件事挑戰時，不要只是滿足於個人自身的結果，發掘能與自己相抗衡的人，跟他競爭促動前進的話，也會產生幹勁，比較容易學成。

所謂「宿命的勁敵」，必然是彼此能力相當的人，但雙方的言行，表面上似乎都無視於對方的存在，然而私底下卻可以看出彼此都很介意對方，非常有趣。

你也可以假裝自己是有名的人，和與自己同爲知名人士的宿命勁敵互相較勁。而且下了戰書，對手也接受挑戰，於是雙方激出戰鬥的火光，那也是很有趣的一件事。即使不作如此誇張的想像，偷偷的燃起勁敵意識，注意對手的進步程度，也没有關係。如果自己的太太、孩子跟自己具有相同的興趣，那麼也可以將孩子、太太視爲勁敵。

宿命勁敵的多寡並沒有關係

在退休後告別自己原來工作的人，大部分都會感到一抹的落寞，甚至變成了窩囊廢什麼事都不想做。因此仍需做點事才行，所以應該鞭策自己，向某事挑戰，從這一點來說，若要自己一人來做的話，反而會感到沮喪而沒有幹勁。

爲了不讓你變成這樣，我想製造勁敵就是一件非常重要的事，勁敵會給我們幹勁及勇氣，對容易沮喪的心情，則會給我們活力而能成爲維持動機的原動力。

勁敵並不是指「討厭的傢伙」，把他翻譯過來，應是好的敵手之意，因此若對方的狀況不好，就無法照預料情況提高成績。另一方也就提不起勁來，而覺得與他競爭實在沒有意思。有時候我也會向對手說些打氣的話，表現出很體貼的態度。這就是希望對方能快恢復幹勁的意思。

過著好的生活方式的人，以我來說，便是具有信念而生活的人，有條理的人。只要是這樣，無論他是那一種類的人，都會令我感到佩服。像此一般的人生勁敵，我想多少都無所謂吧！

要想悠悠自適的生活，必須把妻小視為「前輩」

人有許多不同的人生，但是對於「悠悠自適的人生」相信每個人都有一番憧憬，會認爲「能做自己喜歡的事來生活有多輕鬆啊！」

但是悠悠自適的生活，並不是像這句話所說的有充裕的時間，說不定也是相當辛苦的，不妨試想一下，你印象中所指的悠悠自適的生活是什麼？

一禮拜一次，去打打高爾夫球及釣魚，其他的日子讀自己喜愛的推理小說來打發時間，又隨心所欲去打小鋼珠，偶爾帶著太太到遠方去兜風，裝作美食家到有名的店去吃飯，也可以喝喝自己喜歡喝的酒。

如果你描繪了這種悠悠自適的生活，我想是相當不錯的生活態度，但若你將這種生活重複半年或一年如何？大概也開始覺得枯燥乏味，想去做別的事，也許可能有人會大聲喊叫「給我工作！」

對於自己陷於忙碌中的人來說，的確對悠悠自適的生活有著美麗的幻想，但那是因爲現在很忙，對因忙而無法做到的事不斷想像之故，實際上若有了充裕的時間去實行自己規

為了下好決斷的二十七個條件 ⑳

將結束養育子女工作的妻子，視為生活的前輩做為參考。

劃的生活，反而會喪失了趣味，本來應該是件快樂的事，也會變得不快樂了！

以高爾夫球來說，在忙碌的工作空閒裡，每月一次或二個月一次，稍微作爲休閒活動，才會感到快樂，美餐美餚也是因爲少吃才會覺得難能可貴，不論何事，若因喜歡而可以隨意來做，反而會覺得沒啥意思，這大概就是人性了！

人在被放逐到大自然裡時，會慌亂得不知如何是好。首先是築個圍牆，一方面規範出自己的地盤，同時也利用圍牆來限制自己的行動範圍，希望得以利用他來解放因面對大自然而產生的不安感，大叫「給我工作的人，正是需要這種圍牆的人。」

將大自然替換爲「自由」或「悠悠自

適」的說法，顯然是因爲人過分自由而感到不知該做什麼才好的困惑。所以我想說的是，不要去描繪太過脫離現實的計劃，仔細想清自己想做的是什麼，平時就開始做好準備，而且認真的去做準備，這才是最重要的。

但是對長久渡過公司生涯的人來說，悠悠自適之中，想要找出自己想做的事，事實上可能是不太容易的。

不容易有假期的工作，偶爾若有休假，在假期中所想的事也多半與工作有關，這樣一來，連自己想做的事都無法發現了，更何況還要做準備，或許因此所有的企業人都會被蓋上失格的烙印也說不一定。

在你看不見的地方，你太太正在度第二人生

那麼上班族如何才找得到退休後的目標呢？想要下決心過悠悠自適的生活，而又不失去生活的重心，是一個相當困難的問題。

可是，丈八燈台照遠不照近，在你身邊不就有一個能提出問題的答案的人嗎？不錯，那個人就是你太太，不要慌張，原來你的太太，對於你現在所面對的問題，早有經驗了。

當你在努力工作的同時，你太太早已生兒育女，吃盡辛苦，拚命從事育兒工作，等育

兒工作到了一段落，就展開了第二人生的生活，與退休的先生，開始過退休後的人生情況相同。

你的太太也許會稍稍放下心去上文化中心，或爲了讓吃盡苦頭的身體復原而成爲美容沙龍的會員，又如是個有經濟觀念的太太，則會考慮出外打工以增加收入。

不論如何，爲了使向來受育兒工作所束縛的自己得到解脱會試著去做一些事。重新與社會接觸，結交朋友，因爲渡過了與過去完全不同的新人生而憂喜摻半，走著一位妻子應走的人生道理。

這是説對於第二人生而言，太太是個過來人，身旁有個過來人不找，實在可惜。在太太的立場，受到先生對於人生的這種重大課題之諮商，哪有不高興的道理。所以她一定會深入的與你討論，提供各種忠告，有了這樣的契機，也有可能使夫婦關係更爲深入且親密。而且，也使第二人生得到了一個很好的關始。

所以何不重估太太的存在，重新與她接近呢?!

與其建立新的自己，不如使現在的自己「增加附加價値」

如今我們身邊氾濫者「多功能」的這句話，像資訊機器就是個好例子。甚至於可以說，無論是電話或傳真機，幾乎已經不存在只具備單一功能。例如，家庭用的電話，除了通話的功能外，還附帶了答錄功能，對講功能、轉送功能，通話時間表示功能、計時功能等各種功能。傳真機也是一樣，除了運用資訊的功能外，還可作爲電話及錄音機來使用，具有答錄機功能的傳真機，對使用戶來說是非常便利的，在過去如你想配備答錄功能的話，必須裝上大小與電話一樣的獨立機器，但如今答錄功能早已裝進電話裡了，而電話本身的大小比以前的電話也小型化了。

也許有人認爲多此一舉，其實多功能工具之最簡單例子就是將開罐器與開瓶器合一的工具，反過來，比起沒有附帶開瓶器的開罐器，無論如何前者是比後者便利多了。例如郊遊時，就很需要具有開瓶及開罐功能的工具，若尋求分別獨立的功能，就必須將這二種工具都帶去，但若一個工具同時具備了二種功能，那麼就只需帶一個就成了！同時也不會忘了帶其中的一個。

雖然「附有開罐器的開瓶器」或「附有開瓶器的開罐器」未免太過於平淡無奇，任誰也不會將他當成一回事，仔細想就會發現那真是個了不起的構想。這裡有具備完全不同功能的二個工具，將他們組合在一起改造成具備二種功能之新工具，就現今而言，上班族所

為了下好決斷的二十七個條件 21

假如你希望改變自己，就要有前瞻性的構想。

愛用的電子備忘手册也不例外，其中所具備的功能，有許多令人懷疑，那些真的用得著嗎？但上班族用起來的確很方便。若手上有一本可以記錄地址、電話號碼、又可以管理行程、當月曆使用，換一個軟體，還可以拿來當字典或用來打電動玩具。

這一切都是透過在以前分別單獨使用的工具，經過組合而變成多功能，大幅的使功能更上一層樓，以前我也曾在報上讀過像有A、B這二種東西，將他們組合起來成爲C，也是發明構想之一，如一開始要創造像A或B這種全新的東西，就必須靠構想與經歷。但若是換了將現有東西組合起來，說不定連外行人都想得出來，看你如何來組合，說不定你會發現新的商品。

一加一有時是三有時是四

前面所說的或許嘮叨了點，但此構想在面對六十歲的決斷時，也可用來做爲參考。我們都有與生俱來的才能及性格，想一下子就改變，談何容易，更何況要拋開一切使自己重生，這更是不可能。

但如果保持現在的自己，只是在使新功能增大化的構想，要革新自己的決斷並不困難，因人的看法而異，所以有時一加一是四。

例如，要建立一家新的公司，這一點便很重要，單靠一人從零或無出發，是很痛苦的，構想也有限。但若改用把現用的二件東西組合起來開發新商品的想法，與朋友二人來做，也有足夠產生自己沒有、朋友也沒有的構想之可能性。以「滾雪球的方式」來說，要作雪球時，首先要去搜集小雪塊製成小雪球，在雪上滾下去，雪上加雪，愈滾愈大，因只是在雪上滾動，不用太大的勞力。但如果改變方式，一開始就用很多雪塊，使他硬化造成大雪球，這種工程就大了！

你可以解釋雪上滾球就是將自己的新能力正面化的方法，另外聚集很多硬雪塊使他硬化造成雪球，等於造成一開始便是新的自己的方法，至於哪種方法簡單，就不用說了。

固然這是你新人生的出發，但也不用太緊張、不要心想要以六十歲爲契機，要過跟以前不同的新生活，或要拋棄以前的自己從事改造自己的想法。

以物質來比喻，不要因爲屋子不敷使用就搗毀它而重建，可以改用增建的方式，不要一下子從無或零出發，想要有大作爲，反而應以滾雪球的方式，不斷使自己變大，所以總覺得提不起勁的人，不妨參考這樣的構想。

不必特別請假參加義工工作，不妨活用自己的組織力或企劃力

最近有幾家企業，因員工請假去從事義工活動的情形增加，所以特別給予他們休假。可見在日本對義工活動的關切昇高了！可是提到義工活動，日本的格局仍顯得過小，結果只將幫助老年人及殘障人士或到服務中心幫忙的情形視爲義工活動。

但義工活動原本就是我們身邊自然而然產生的。例如，在路上看到空罐就自動揀起來拋進垃圾桶，這也算是義工。或是擅於踢足球的人，在假日時集合鄰近的男生們來訓練他們，這也算是義工活動。

由此可知，誰都可以立刻著手於義工活動，如果你是上班族，認爲自己沒有什麼特別

技藝可以教別人，你也可以活用你的工作經驗，上班族到了四、五十歲時，一定有不少在企業中鍛鍊出來的組織力及企劃力，何不考慮將其計劃，活用在地區上呢？

活用上班族豐富經驗的時代

反過來說，這一切就是我們社會正在尋求的義工活動，在日本一提到義工活動，仍以沒工作的主婦層爲中心。很多主婦，因缺乏上班族的經驗，所以在遇到需要組織力與企劃力的層面時，就感到不知所措。可見得，在這一方面，則應尋求有經驗的上班族才行。

我有一個要好的朋友，他一方面在一家大公司的宣傳部工作，另一方面利用假日等，在當地的守望相助會參與義工活動，因公司裡的工作是文宣，所以熟知文宣廣告之特殊技術，也對文字處理機運用自如，所以他活用這技術，打製會裡的通知單，或擔任社區的決定行事企劃的工作等，也許很多人會認爲這一點事我一下子就做好了，可是這就是所謂的義工活動，不用任何特別的資格，只要立刻下決心就可以了。

另一個朋友是在家電製造廠商擔任開發工作的人員，他在當地也包辦了修理小朋友玩具的工作，因爲他從小就喜歡玩機械。

由此可見，要活用上班族其透過工作的親身經驗能力，保持一軍現役身分，而立刻著手於義工活動者，比比皆是，也有人在商業公司工作，長時間駐紮在南美洲，因此西班牙文是他所拿手的，而回到日本後，將他的西班牙文能力，拿來從事義工活動。

這些參加義工活動的人，異口同聲的說：「這不只是自己的問題，而且是讓人樂意去做的！」例如一位五十歲左右的人，正從事於看護癱瘓老人的工作，雖然在此之前認爲這種事與他沒大瓜葛，想不到在接觸之後，才知道這其實也是自己的問題。主要來說，能夠將別人之事認爲也是自己之責，所以有很多下了決心來開始準備義工活動的人。

為別人設想最後有利於自己

重視人際關係，只要能做到的事，儘量幫助別人。這種心情隨著年紀而增强，而且是有增無減的。不要消極的認爲，那傢伙過的是他的日子，干我何事，而是應該積極的改想，既然能助他一臂之力，爲何不去付出呢？

結果，我在跟人談話也會比從前更認真的去傾聽，努力的去認識對方，我想這大概是因爲年輕時，連自己的事都想不完了，所以對與別人的交往也就馬虎了，後來隨著年齡漸增，也漸漸的能瞭解人生，領悟了除了要珍視自己，也要珍視別人的人生，否則自己的人生也活不下去了。

如果有人問，你是爲自己而活，還是爲別人而活？當然，每個人都爲自己而活，這是無庸置疑的，但是爲別人而活也是一種必要的心態，話說「同情不只是爲他人好」，也就是說同情別人，獲利的不只是別人，也包括了自己。這一類的俗諺，自古相傳，可見人生是爲了別人而存在，對別人好，自己人生的光明大道也才能豁然開朗。

最近義工活動十分風行，也許有人對於此種不求酬勞的貢獻活動會認爲「何必徒勞無功呢？」可是箇中的道理，那些從事於義工活動的人最爲熟知了！原來在做了這樣的工作後，才看到了未知的世界及人生，結果自己的人生也因此更開闊了。

我看過一則報導，在洛杉磯大地震時，有一家啤酒公司，將他們的瓶裝啤酒，免費送給災民們喝，假如這家公司不是平常對義工活動有所準備，就不可能有這麼快的反應，所以我欽佩他的作風，如換了日本的公司，可能根本做不來，假如從來沒有認爲公司也是社會中之一員的自覺，根本不會有將利益還諸於社會的念頭。

專門幫閑（譯註：酒宴中負責插科打諢使場面活絡之人）的悠玄亭玉介說的好。

「働是『工作的意思』也就是爲人而動的意思，不要只管自己，也去爲別人工作，這就遺惠無窮了！」（譯註：「働」爲日文工作之意）

他說的不錯，這就是互通有無，我現在只要有受了別人的恩惠，既因如此何不也做一些爲別人好的事呢？假如覺得這樣做划不來，那麼你所活的世界就會慢慢窄化，剩了沒多少的選擇了！

自己能為別人做些什麽呢？

我家常會有出版社的人來找我商量出書的事，我便會想，既然要出書就要幫出版社賺一筆，於是就會去設計要出一本暢銷書，這可能是我與其他學者不同的地方。

本來，學者的這一族群是不會去管書的難解與否，反正寫完稿就算了事了，至於暢不暢銷，那是你家的事。但我就不同了，既然出版社是依靠出書而生存的，而且是要一本賣得最好、最暢銷的書，爲了促銷，我可以爲書上電視，也可以去演講。

只要書局打電話給我，我就會自動召開簽名會，且從不忘支援書局。結果書局也對我另眼看待，將我的書一本一本的平放，使它能更醒目，我的書也就更能暢銷，如此出版社賺了一票，賣我的書的書局也會賺錢「那傢伙的書好賣」，這樣一來出版社又會來找我出書，對我來說，更是歡迎至極的。

雖然年過六十，仍要爲自己的未來著想，爲了渡過更豐富的人生，不是也該想想自己到底能爲人群做些什麼呢？如果你覺得自己的人生到目前爲止，實在缺乏生趣，我想你應該特別把待人處事的方式，做爲反省資料改變一下作風才好。

即使對方是我認爲的「討厭的傢伙」，我也不會立刻意氣用事，先努力的去認同對方的存在價值，在透過談話聽取意見之中，能夠改想「原來也有這種想法」或「這種人的存在，又有何不可呢？」而去接納對方。當然，也有些人始終都認爲要貫徹道不同不相爲謀的態度，這亦是生活方式之一，我没有意見，但如果有人問我，該選哪一種？我會毫不猶豫的勸對方去選擇能寬恕他人的那一種，這是從我長年的經驗中得到的。

假如執拗地認爲自己的想法才是對的，那麼就會使得人際關係發生齟齬，再說單靠自己的想法，是無法去打通所有的關卡。這世界上有百樣的人，所以承認他們的存在，還是有利於自己的。

以自己的方式打高爾夫球

我打高爾夫的念頭是在二十多歲時就有的，但到了快六十歲時才正式開打。

這個動機是有一次藤原弘達先生參加了「果嶺高談（東京十二頻道）」，他告訴我

為了下好決斷的二十七個條件 ㉒

不要受教於人，貫徹自己教自己的高爾夫球精神。

「你的高爾夫球打得相當差勁」，那時我回了他說：「好！我會再挑戰一次！到時咱們走著瞧。」從此奮發振作，所以我的高爾夫球才因此正式開打。

我常去高爾夫球場練球，一個月平均打三次到四次的高爾夫，到了夏天會去輕井澤，打上一天的高爾夫。

但是年紀一大把的我，才不敢妄想有朝一日會進入單位讓分的行列之中，我比較欣賞繞圈子來鍛鍊腳力。

我想高爾夫球的魅力就在於無法一蹴可幾的快速進步，自以爲開了竅，心裡正高興著，想不到隔天上球場，開竅的成果卻只是泡影。好不容易心情一振，想不到高興得太早，到了球場根本不能活用，在失望之餘，表情暗淡的回家去了！

有時進三步退二步，有時進一步退二步。雖然遲遲沒有進步，但若自己能有獨特的各種想法，每一次都探到進步之路，這就是高球的魅力。

所以，被我傳授高球打法的內人，一定會覺得不知所措。我教內人如何打高爾夫，不久則因我的想法有所改變，到下一次再教的時候，竟與上次完全不同，在這種情況下的內人，不知道是如何忍受這種反覆無常的，但我們倆人還是能快樂的打高爾夫。內人揮竿的姿勢比我美多了，可惜揮出的距離不遠，前不久才教他如何強打的方法，相信不久就會有所進步了。

還有，假如一開始就拜職業選手爲師，按部就班的學習高爾夫球的課程，也許都會比現在的我還進步，但是高爾夫的有趣之處，就是在於進步的過程，這種快樂是無窮盡的。

人生何不也採取自己獨特的作風來過呢？

本來我不喜歡受教於老師，中學時代，我對老師所教的東西，一直不肯囫圇吞棗，並採取不接受自己不肯定的部分之主義。所以打高爾夫球也是一樣，不找職業手來學習。雖然一時之際無法進步，還是以自己的方法來探求進步之路，這才是自己真正獨創的風格。

在人生何不也採用獨創的風格呢？在高爾夫球方面來說，其開竅的方式，與人生的道理是相同的，人有不同的領悟方式，所以依自己的想法，高高興興的活下去，這才是無愧於心的生活方式，你說是嗎？對任何無法肯定的事，一概不說，但能肯定的事就會廣爲宣傳，只求能對人生有所啓發就夠了。

不要想依賴自己的孩子、前輩及社會，心想剛退休的人，就等於是剛學高爾夫球的初學者，模仿別人並使自己爲活下去而多去下工夫，這樣的人生，不是也很快樂嗎？因爲這樣活下去，才有自己人生的真實感。

何不照自己的方式來過自己的人生呢？不要因想「這樣的人生有沒有錯」而氣餒，自己多去模仿，在快樂的模仿過程中，按部就班的前進吧！

稍微改變房間的裝潢，即可產生新的挑戰意願

退休後居家的時間增多乃不用贅言的，這是因爲在退休前，上班族的居家時間多半只有晚上或假日而已，但退休後不再工作，等於是天天呆在家。一天二十四小時，就算都在家，也很樂在其中。一覺醒來，才發現整個早上都在床上渡過，而且也有足夠的時間，看

遍報紙。若天氣很好，就優閒的在家附近或街上散步，這時你才訝異的發現，像這樣的事，爲什麼在有工作時沒有發現呢？還有可以經由自己的身體所感受的四季變化。

像這樣的生活一開始或許很新鮮，但過了不久後，就會開始覺得無趣了，所以大部分的人就會開始去做一些事，或是去旅遊。無論是開始去做些新鮮的事，或是去旅遊，這都是爲了尋求與平常環境不同或刺激、變化的結果。

對一個人來說，刺激與變化都是非常重要的，有工作時，至少每天都會有些刺激，也許可以感受到其重要性。此外，對被工作趕得焦頭爛額的人，根本沒有去尋求變化的能力，這也是他不覺得重要的原因。等到渡過了千篇一律，沒有必須每天完成工作的職業，每天持續地過著沒有變化的生活，遲早會再去尋求刺激的，但也有人即使沒有刺激、變化，也很自在，這就沒什麼好說了。但是一般人那能輕易就滿足呢？

再怎麼說，缺乏刺激的生活，便會使人退化。拿個極端的例子來說，若人年紀大了，並且重聽的毛病加劇，通常是形成痴呆症的因素之一。因爲他只能靠眼睛獲取資訊，再也無法靠耳朵來接受資訊刺激腦部。若是個性内向的人，就會消極的想「年紀大了！有什麼辦法呢！」而自動放棄，不再尋求刺激。但據說只要有積極的觀念，像依靠助聽器來彌補聽力的缺陷，就能繼續接受刺激，並有效的防止痴呆症的惡化，因此可知，刺激、變化，對我們人類有多重要。

這一點不用小題大做。例如有人說，退休後天天在家，完全没有變化，實在太無聊了！乾脆就來改建房子好了！倘若有這種經濟力，那也無可厚非，不過也不用這麼小題大做。若想輕鬆的來引起環境及生活的變化，可以像我一樣，常做的就是換貼新的壁紙。現今因爲多方面的開發出既强韌又不易污染的壁紙，所以常換壁紙的家庭很少，但我的想法就不同了，即使壁紙没有髒，我還是會去換貼新的壁紙，以轉換情緒，及改變房間的氣氛，結果當然能使房間變得漂亮啦！氣氛也會煥然一新。人無論走到哪裡，都在不知不覺中產生新的氣氛，不論任何事，就會有「好好幹一票」的心情。

另外一點，我常常做的就是照明器具的更換。一般來說，除非是照明器具壞了，否則一般家庭大都不會去更換新的，一般來說，如果燈泡、日光燈斷掉，就去換個新的，卻不會去更換其他的配件，但我則是每隔幾年，必定連燈架、燈座整個換新，這也算是使房間煥然一新的方法吧！

以「可以輕鬆做到」的事情做為優先

因爲無論是更換壁紙或照明器具都不是大規模的或花錢的東西，所以所費不高，只是很平常般的花費而已。所幸最近開發了新材料，物美價廉的比比皆是，對我這種人來說，實在太方便了，雖然這絕不能說是一種奢侈，但對我而言，更換壁紙及燈具在心情上則是奢侈的，因變化多端，而且心裡也可以爲下一次的更換做預想，這種心情是十分愉悦的。除此之外，像窗簾及毛毯也是一樣的。有的是換以顏色及設計不同的，但無論如何，若能使房屋的形象及心情都煥然一新的話，可以享受到極大變化的樂趣。

像是裝潢用的小東西，或是擺設的物品之中，我喜歡的是玻璃品及陶製類的，因爲這些東西如弄髒了，只要用水一洗，就又會像新的一樣了。但是，木製品也有其溫暖感，在長年歲月中變了色，滲入了生活痕跡的木製傢俱，當然也有其獨特的風味。像我的一位英國友人，將代代相傳的傢俱視爲寶貝，我想那也算是個了不起的文化，不過，時時享受更換的樂趣，不也是一大樂事嗎？

⑤ 產生決斷力的資訊活用術

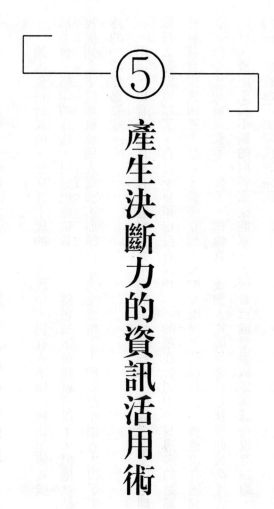

產生決斷力所需要的「資訊感度」的磨練法

讓人覺得訝異的，是在五十歲的上班族中，仍有人不懂如何使用傳真機，甚至連影印都不會。影印的方法，只是把原稿蓋起來，然後按下按鈕就可以了，但他就是不會，更何況提到文字處理機或個人電腦，那簡直是完全沒輒了！聽說甚至還有人得了看到鍵盤就頭疼的「鍵盤過敏症」。

不過，也有人認爲那有什麼好大驚小怪的，「像影印、傳真還有文字處理機等，有女職員去做就可以了，自己不會用也沒有關係」，的確在公司中，身邊多的是那些叫她去做件事就會很快回答「是」，然後立刻去做的女職員，所以自己不會也沒有關係。

但今後的情況就不一樣了，像傳真機或個人電腦只能算是社會迎接高度資訊化的開端而已，資訊工具不斷的向各家庭進軍，若因自己鍵盤過敏症或認爲沒有細胞，而莫不關心的話，就會跟不上時代的潮流。

因爲已經實用化了，很多人也都知道了，有了光纖之後，資訊的傳達量已高達傳統銅線的二千倍，因此不論情願與否，資訊都會紛至沓來，爲了處理資訊，而會開發出各式各

為了下好決斷的二十七個條件 ㉓

天線要經常擦亮

樣的資訊機器，個人化的時代也會來臨，假設受理的一方沒有什麼處理的手段，那麼，若不是被情報壓扁，就是眼睜睜的錯過寶貴的資訊。

像在購物方面，我們也即將迎接在自己家就可以直接購買物品的時代。例如，想要購買電視機，只要將必須的資訊，輸入家中的終端機，就可收到廠商有關購買電視機的資訊。再說，電視節目也已進入付費看節目的時代，也就是，觀衆可以選擇電視節目，看多少節目付多少錢的制度。

不消說，如沒有技巧地來使用資訊機器，就無法掌握正確的資訊。在現今高度資訊化的社會中，這是種致命傷。在假設退休之後如何來設計第二人生之際，有愈多的資訊量，就愈有正確判斷的可能。所以資訊的收集能力，實處於關鍵的地位，因爲單憑人際網路，其效果還是有限的，而經由科學技術，就會有幾十倍、幾百倍的資訊收集力。雖然如此，想拒絕新的科學技術，就是等於將資訊與自我隔開，爲了當機立斷，如何磨練、提昇「資訊感度」就成爲很重要的事。

保持對時代變化的關心或好奇心

另外，依情況不同而言，有時新的資訊亦會帶來退休後的工作機會，若缺乏捕捉資訊選擇的手段，是難以得到工作機會。

當然，你也不需要徹底去瞭解系統或是機器的技術內容，其硬體方面，可以委託專業人員來安排，但至少要了解所使用的軟體，也就是要懂得系統機器的結構及如何操作，才能吸收到它的優點。使用軟體設施不需要特別的能力及技術，只要有關心及好奇心，就一點都不困難。例如，上班族常用的電子備忘手册這種私人資訊工具，有些人在看了年輕人得心應手的使用它，就浮出一種「年輕人啊！思想比較有彈性，當然很快就運用自如了，對冥頑不化的老頭子，就像我們，這種文明的利器，總覺得棘手」的心態。這真是個天大的誤解，你的缺乏彈性乃是咎由自取的，只要你有了對時代的關心及好奇心，就可以長久擁有一副彈性的思考力。

常常聽到生涯學習這句話，但它的意義並非是指用一輩子用功去探究什麼事，而是要響應時代的變化來不斷用功，因爲時代的進步是永不停止的，我們應在有生之年來響應他，並多用功。

下決斷之前，先搜集分析零碎的資訊

今後將走向什麼樣的人生呢？對今後要樹立的方針，必須有充分的準備，但在準備之前，要先搜集資訊。

我認爲最重要的是，一面勤快的搜集各種資訊，另一方面則要探究什麼樣的生活方式最適合自己。大略的先決定「我要這樣活下去」，並在決定之後，搜集符合目標的詳細資料。

例如，調查自己所居住的鄉村市鎮，對老年人會提供何種服務。不同的自治體，在老年服務方面，則會有很大的不同。比方說，有些市鎮提供老年人免費搭乘公車，有些則否；有些利用社教館召開老人講座，有些就沒有；有的採取積極的態度，宣傳雇用老年人的活動，並且得到當地企業界的協助，整頓雇用的環境，有的則否；一方面有的市鎮招募爲老年人送三餐到家的活動義工，但是也有市鎮對福利運動漠不關心的。

哪一些自治體，會提供哪一些的服務呢？每個月有些報紙中會刊登一次有關自治體的文宣，就可以藉此瞭解大致上的情形。若想進一步瞭解詳情，跑一趟市政府的福利課或福利事務所，經辦人也會告訴你。如果結果發現自己住的地區的事務所服務實在太差，而鄰鎮的服務較好，「過一陣子，我要搬到鄰鎮去住」這樣的念頭，不是會油然而生嗎？

缺乏資歷而不得不依賴行政機構的人，就更需要去調查個中的情形，不要認爲所有市鎮的服務內容都大同小異，像水電等公共費用，也都因市鎮而異。

在搜集情報時，活用人際關係網路是相當重要的，因單靠己身的力量去從事資訊收集，這樣的收穫是有限的。所以奉勸你，爲了彌補這一項缺陷，多多與別人交往，進行資訊交流、是相當重要的。

爲此平常就不能忽略與他人的交往，而且要找公司以外的一般人來交往。參加當地的社區活動，就是一例，或者在完全委任妻子去做的全區除草活動及大掃除活動中露臉，這也不錯，如此交誼，多連絡收集各種資訊，應可以掌握探索自己未來方向的啓示。

只要能與社區中的人打成一片，到了你年紀垂老，要仰賴他人時，鄰居們就可能會助你一臂之力，在此意義上，與社區每一分子密切交往是很重要的。

你也可以以自薦的方式，去擔任居住地的守望相助會的幹事，像這樣的職務，大家都避之唯恐不及，所以在任何社區，你若想勝任，就可以馬上達成。這個守望相助會與其他的守望相助會也有橫向的連繫，再說，站在幹事的立場上，透過與自治體的交涉，可以更容易的去得到資訊。

未雨綢繆，以備不時之需

如此搜集資訊之後，那些資訊絕不可閒置，要好好來分析，像我已經決定好了，萬一生病了，我所要住進的那一家醫院，站在醫學水準的觀點上，或許不一定是最好，但因爲他們對病人的復健很有一套，所以與我的觀點不謀而合，要住進病房，隨時都能如願以償。

另一家的醫學水準最棒的醫院，儘管治療技術是一流的，但對病患的照顧，並不怎麼樣，因爲這家醫院我內人曾住過，所以我才知道，那裡可以說幾乎沒有個人的病房，在臨終之時，就將病人從個人病房移到與其他病人同住的病房之中，以便隨時得以應付一些緊急狀況，因有這種制度，所以不能自由申請個人病房，使我深感不滿，我很不願意把患了絶症的醜態暴露於別人面前，這也就是我生病時希望住進個人病房的原因。

人一旦上了年紀，即使是對自己的健康，有相當程度自信的人，跑醫院的機會也會大幅增加，到了那時，有了預定的選擇，而那家醫院亦具備了自己所肯定的環境，也給予我肯定的治療，那麼住進去一定很安心。所以，尋找那樣的醫院還是靠情報收集的工作，因爲現有的醫院，實在太多了。

而且在透過情報收集的工作而決定「我要這一家」之後，半年一次上這家醫院，就算是做健康檢查也無妨，以便認識醫生護士，如果好幾年持續如此，那麼醫生也有認爲自己是你主治醫生的認知，也會在某一程度內，任你任性而爲，一旦有緊急之事，打一通電話，他就爲你準備好病床。

六十歲，正好開始建立新的人脈

現在清理一下腦子，回顧一下走過的五、六十年的人生，我想你到目前，已認識了許多人，受過許多刺激，像是在少年時代一塊玩的朋友；才踏進社會時，給自己建議的長輩；及長久以來是工作上是死對手的同事，透過公私兩方面，形成了自身的智囊團，在與

為了下好決斷的二十七個條件　24

不要仰賴過去的社交圈。

他們分別交往後，甚至有些人只記得住他的樣子，而忘了姓名的；也有快從自己的記憶中消失的人，使你有種時光飛逝的感覺。

目前，你的智囊團或是人際關係，到底呈現何種狀態呢？我想，隨著個人環境的不同，也會有不同的境遇，如還在任事的人的組織力，與擔任現職的人，辦個人事業的人、已退職的人等等，都不一定。所以再整理一下自己的人際關係也好，也許這是個難得的機會，也是以前想都沒想過的「製作」人際關係族譜的好時機。

如果認爲「回想起我的社交圈都脫離不了公司」或「跟公司已密不可分，這種交往真是疲乏」，這便是種受公司束縛的交往，等於是離開了公司之後，還是尋找公司的同事及部屬，這樣一來，怎麼能有新的人生呢？

這一項的重點就是，不論以前交往的是些什麼人，爲了拓展今後的人生樂趣，希望你「積極建立新的人脈」，當然有的人也許會覺得與人交際實在太累了！一個人默默苦幹，仍可尋到人生的樂趣，不過，如此「草草結束」你不覺得可惜嗎？

我認爲若想一輩子過著生動踏實的生活，就要對任何感覺「好像有趣」「我要做做看」的事，都去挑戰看看，全面活用可供利用的人脈，才是落實人生生活方式的基礎。

連絡一下久未謀面的朋友，即使不是因爲社交活動或派對也沒關係，重溫一下舊友，就算原來並不屬於家庭交流的層次。隨便找一個機會，企劃某種活動，讓「朋友的朋友」相聚，也是大有可爲的。

反正任何新的人脈，都是由小小的動機建立起來的，如果對這樣的動機，一開始就充滿期待的話，那就會乏善可陳的了！

一切從適時的決斷開始

「網路」並非只是限於人與人之間的溝通而已，在高度資訊化的社會之中，也有使用個人電腦來建立人際網路的。例如，那些擅於利用人脈的人，便不約而同的認爲，不要只是結交興趣與個性及價值觀與自己相似的人，只要能培育出能與各種人平起平坐的「場合」，就可以連續得到新的刺激與發現。幾天前，看到一篇報導，有一位說書家三遊亭圓窗先生，熱中於個人電腦的通訊，那一篇敘述並不是呆板的，而是由原本屬於技術系列的上班族所談論的個人電腦，改用說書人談論個人電腦的魅力，連硬體也不知不覺的變成軟體，而更有親切感。

直接了當的說，建立網路與意識及行動力成正比，在放長線釣大魚時，如沒有魚餌的話，什麼也釣不到，我本身因爲工作的關係，有機會與各種行業的人交往，一有興致，就會去找與我有相同興趣的人，聽他說寶貴的經驗，因此有很多地方，能夠得到他人生命之旅參考之影響。

我對只要能在人群之中，就能得到相互的協助，過著津津有味的人生深信不疑。倘若能在能力與智慧上互通有無，說不定能夠辨出新的事業、人生計劃、人際關係或是建立人脈，有某種可能性，才有前瞻性的想法，一切都必須用適時的果斷開始，並在連續的決斷之中，拓展開來。

「生涯學習」是發現新意願、新自己的難得機會

平常我們常會不經意的說出「老後」這句話，而你對自己的「老後」有何展望呢？滿臉的皺紋，老態龍鍾，什麼都不想，優閒的過日子；還是重估自己，享受人生二度春的樂趣，各位捫心自問，關於老後這個問題，透過了自己到現今的經驗及別人的經驗，當然會覺得「老後爲自己而活」「要自己來設計、實行」及「找出以前不能發揮而隱藏了的自己」對「老後」有了新的展望。

到目前爲止，我爲銀髮族寫了幾本書，所提的建議並不是保守的，而是採取主動、有彈性的進取性的生活方式，就算沒有付諸實行，讀者因爲突然覺得「說不定這本書……」而將此書拿起來的動機本身，就是要度第二春的人心之表態，所以今後用不著焦急，只要把眼光慢慢放在自己想走的方向，好好前進就可以了！

的確，像傳播媒體等，也提到在今天的社會情況下，會對高齡化的社會所引發的不安因素，但各自治體或民間單位，也盛行爲高齡人提供有意義及各種支撐的活動，也許有人會很快放棄，認爲「老了實在是太花錢了！」可是有不少情況顯示，視你本身的意識如

為了下好決斷的二十七個條件 ㉕

將生涯學習視為決斷材料的啟示加以活用。

何，其實不需花錢，也能夠使知識的探求心，更進一層。

最近常聽到的一句話，就是「生涯學習」。提倡生涯學習的始作俑者是聯合國的教科文組織，其主要目的是爲了使在以前成爲別國的殖民地，缺乏了接受教育的亞洲開發中國家人民，能夠從事於新的學習，使教養能更進步。但不久隨著先進國的社會富裕，他們無論在時間上或經濟上都十分有助於提昇落實休閒時間的需求，使後來一些要迎接高齡化社會的先進國家，對「生涯學習」開始另眼看待。

他們的自治體及企業說「生涯學習」就是只要老年人有學習的意願，他們便會支援，使之處於能學習的狀態，所以事實上，現今的生涯學習的範圍是相當多采多姿的。

若想磨練知識技能，有許多好的機會，以政治、經濟、文學、電腦、藝術等各領域爲首的，或更有些是以義工活動的體系之紅十字會的「急救法」或手語等，比比皆是。只是，各個自治體的活動內容不一而足，所以不妨跑一趟政府機關及各自治體的教育委員會，收集詳細的內容及資訊，只要有點興趣何不積極參加看看。

以前沒有準備的人，何不以生涯學習做為動機

雖然這是很私人的事，但我在九三年十一月參加了在愛知縣召開的「學習節」的全國生涯學習嘉年華會，當時的主題是「生動的生活方式……自己的發現……」在公開討論會中，我擔任協調人，當時討論會的代表，包括愛知藝術文化中心的飯島宗一先生及昭和女子大學部的校長人見楠郎先生，演員林隆三先生及歌手益田宏美，這是個有意義的公開討論會。

嘉年華會召開了五天左右，在名古屋、岡崎、一宮、吉良等各都市的會場中，也都舉辦了不同的演講會、展覽會及各種講座等，據說全國等地，約共計有五十萬的參加者。由此可見日本也有與歐美同樣的生活學習，並且對老年人的關心程度也有逐年提昇的趨勢。

不要誤以爲「生涯學習」只是侷限於有閒的老人家及接近退休的人，或是主婦們的一種活動。對生涯學習來說，我覺得根本不必顧慮到各人年齡及際遇，參加者凡事有需求，就會接連產生新的活動。對於「將來想作生意的人來說」，這是一面追求利益，一面學習新的知識與取得新執照的可行方法。

反過來說，「生涯學習」透過自己的立場，拓展各種活動的場合，才是最理想的。

積極的參加「大學公開講座」以彌補不足的資訊

進入九〇年代後，常可聽到「社會人學生」或「兼職學生」。社會人學生並不是指白天工作晚上讀書的學生。兼職學生則是指不限於社會人一分子的人，包括家庭主婦及退休的人在內，上大學學習自己想學之學問的人。

一般來說，在以前社會人士要到大學上課，只能當旁聽生或是利用公開講座的方法。所以在大學畢業後，若想深入研究學問或正式學習其它專門性領域的學問，就只好辭掉工作，重新考大學，除此之外，別無他法。但斟酌各種狀況之後，才發現只有真工環境優渥的人才辦得到，直至最近，爲了響應時代潮流的變化，大學方面也都大開門户，除了公開講座，也增加了許多使社會人能繼續工作，同時亦可上學的機會。

例如，大學夜間部（研究所課程）的課程，開課時間爲星期日晚上及星期六白天，雖然目前引進此制度的只有筑波大學及青山大學等數所大學而已，但我想這對於正在專攻與現在工作有關的學問的人，也是一種屬於利用價值很高的制度。除此之外，很多的大學也把課程開放給一般人，就舊有的公開講座等，也增加了許多性質輕鬆的講座。只要看看身邊廣告『充電教育——爲社會人士開放的大學課程指南——』（教育部編·行政社刊）就可發現女子大學也有不限女性針對男性開放的講座。

雖然很多大學目前都有學生減少的問題，其解決方案是今後大學當局盡可能更廣泛的開放給一般人，對社會人而言，這不就是個很好的學習機會嗎？

學習中探究未來的光明大道

一般的中高年人，若想要讀書或學習新的課程，大都會去上文化講習班，但如果想要在那兒有系統的學習某一個專題，則有些問題；雖然在文化方面，它有其優點，但另一方面在事實上若想要滿足向上心及學習心，就會稍感不足了！在文化講習班內，泰半的學生皆是以主婦與女職員爲中心的女性階層，或是已經退休的人，所以講習的內容主題，多半都會漸將它放在女人及老人的這一層面，對專門的、系統的在學習某一學科的人，則對此趨勢感到不滿。

在我的熟識之中，有幾個人在退休之後，也去上了文化講習班，但他們幾乎都是以去做自己有興趣的活動之心情去上補習班的，甚至有人說：「我已經上了快十年的補習班，卻沒得到什麼收穫，所以說，這只是個排遣時間的方法罷了！」也有人說：「我沒有上學或是特別做什麼事的準備，只要與人有志一同，快快樂樂的來過日子就行了！」這簡直就像是間沙龍一樣，這種想法或許沒啥不對。舉例來說，對於有「我要去學自己喜愛的短詩來渡過自己的晚年」這種想法的人，或許也是一種不錯的方法。但是對有目的意識，想要真正去學習的人來說，仍會感到不滿的。

相較來說，像夜間部研究所，本來是以有實務經驗的上班族爲主要對象，所以課程需符合他們的需要，內容也要比較深入。如多摩大學的夜間部所開的經營資訊學之課程，名額只有二十人，考試資格限於大學畢業，在民間企業或是政府各機關有三年以上實務經驗的人。上課的時間是每個星期一到星期五的下午六點半，及星期六從早到晚，這樣一來，在每週週休二天制中服務的人，就有機會邊工作一邊上學，據說大部分的學生，不是上班族就是自營企業的人，至於它的學費第一年爲一百三十萬日幣，比其他的大學，略貴了一些。

我勸各位積極的利用這些制度，除了用功學習外，因爲在此之中也較容易獲得描繪所需要，對將來的生活設計之資訊，對六十歲以後的日子而言，成爲決定何種生活方式的重要材料的原因，雖然透過工作所學習到的事，對未來有很直接的效用，又因另外利用很多的機會，多來用功，才會浮現出未來要走的光明大道，像是心中浮現了某種形象，所以還是勸你積極的去參加！

思考空間的利用法，即可產生各種有趣的構想

在社會上有許多呈現空廢的空間，這種空間並不是指屋外，而是指屋內的。如地方自治體，有時會將社教館等開放予一般民衆；更有許多家庭總是在寬闊的公館裡，卻只住了一個人，而空房間比比皆是。

例如：租這些空間來辦些事，不是很有趣嗎？更何況若自己的房子有空的地方，不用白不用，看你如何運用，其利用法可以說是無限的。車庫可以提供做爲拍賣場，或以義工的型式用來做爲教小朋友們一些東西的場所。

為了下好決斷的二十七個條件　26

在盛年之時，活用都市資訊。

我以前曾在報上看過一篇報導，在兵庫縣蘆屋市有一個『優雅人士生活會』，該會的營業型式是個自主營運方式的畫廊，加上茶室『心心相印』。該會的主旨是「趁早準備快樂的晚年生活」以退休之後之上班族爲中心而組成。

平常多召開以健康爲主題的講習會，或是繼續從事義工活動，在會員中有人提出「要進一步參與社會活動」的建議，湊巧某位會員家中有場地，於是就利用了那一個場地開設了茶店，而這一家茶藝館可運用爲出售會員製作的作品，或是提供作品發表的場所。

一般而言，若是要開發茶藝館，多半都是靠不動產公司來尋找適合的場地，但是這需要一筆很大的資金，在經營上也會產生許多麻煩的問題，可是如果利用會員們中，所擁有的空間的話，就不會有什麼問題了！正如這個店的心心相印這句話，就可保持做爲沙龍的氣氛，身爲會員者，也能很輕鬆的來談天，或做些資訊的交換。

做為大家接觸的場所，是充滿了魅力的

雖然這裡的規模不是很大，但是若談到可利用爲談天或溝通的場地，則只需有一點空間就夠了，大家在閒談中，就會產生更多這個空間有趣的使用法，也會有新想法產生。現在有許多的俱樂部，俱樂部本來是指由一群志同道合的人所組成的團體，找了個適合的空間而在一起談笑，這就是組織俱樂部的原意，也可以增加許多樂趣。

一九九三年在愛知縣半田市所設立的「金狐之會」從某方面來說，其原型應該是俱樂部，這個會是爲了懷念半田市出生的童話作家——新美南吉而組織的會，此會的名稱當然是取自新美南吉的代表作「金狐」。「金狐之會」是以在半田青年會議擁有老資格的事務局局長吉田重夫爲中心，以市民爲主的團體。但是只要是喜愛新美南吉的作品的人，都可以入會，所以就逐漸擴大到全國，後來就慢慢發展到開設『新美南吉紀念館』。

我認識一群居住在東京都調布市仙川的一個小鎮上的編輯者，有人已經做了十五年

『仙川二十一』的鎮誌，他們起先是在總編輯家中，默默的發行，隨著此活動的盛行，他們借了一個在商店街的公寓，並把空間開放給一般人，做爲「地域共同財」全盤的提供給少數人的一種雜誌，這大概就是他們能夠活用空間的原因吧！

仔細想想這些事我們也是可以做得到的，若喜愛長嶋茂雄的話，便可以組織「背號3」的會，如果喜歡作家池波正太郎的話，也可以組織「鬼平犯科帳之會」，起先是自公司的同事及朋友這種小規模開始，慢慢的有同好之士加入的話，就會像「金狐之會」一樣發展到全國的規模。

『鬼平犯科帳之會』等等，只要想起來，好像是很愉快的，如與同好之士在池波正太郎所喜愛的東京淺草下谷或銀座散步，爲了要看看他走過的西式食品屋及麵包店，到長野縣上田市去看看『真田太平記』的演出舞台，或是邀請一些老朋友來召開討論會，將池波的作品資料庫化，是一個極大的課題。

年紀大了，更要使用「都市」這個有魅力的資訊來源

對於在忙碌的都市中工作的人來說，充滿自然氣息的鄉下，可說是大部分人所嚮往的

場所，一般人都會想希望退休後能在鄉下有個家，與大自然一起生活。

但是實際上，能夠如願住在鄉下者，卻發現與自己所想像的差距頗大，因而有不少人又回到都市，本來以爲在鄉下的生活可以很優閒的，但真正處於此環境的話，卻又希望過有刺激性的生活，所以再對都市生活，想念的不得了！

在都市中生活，即使你什麼都不管，也會像浸淫在資訊的洪水之中，有時候會覺得很煩，但對已經習慣的人來說，在鄉下居住，就會像是顆洩了氣的氣球一樣。

因此不管是生活在鄉間或是生活在都市，都有它的好與不好的一面，所以在決定之前要充分的去研究，等到可以接受之後，就要以堅定的意識下決心在那裡生活，不然將來就很有可能會後悔的。

這裡有一對夫婦的例子，他們都是出身自鄉下，在東京相識進而結婚，現在都已年逾六十歲了，二人在都市裡的大樓內共同生活著，住在東京也有三十五年了，在搬到這裡之前，雖然也曾搬了好幾次家，但都只限於東京市內。

二人的孩子都已獨立且離開了家，而丈夫此時由他的朋友介紹去當不用晚上上班的守衛，太太則是個全職的家庭主婦。

在偶然的機會下，我認識了這位先生，有一天我對他提起，你爲什麼會這麼喜歡住在

為了下好決斷的二十七個條件　27

從購物到可積極的去掌握知的情報。

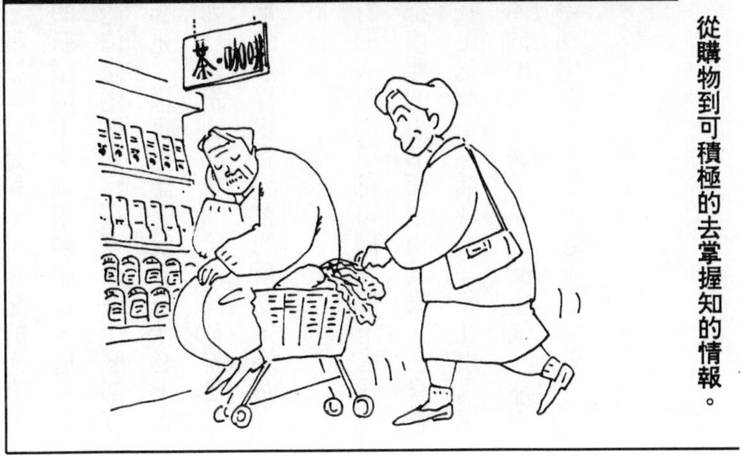

東京呢？

　這時候先生回答。

「如果待在鄉下的話，說不定現在就變成了個痴呆的老傢伙了！」

　對先生來說，與其要他浸淫在大自然中去感受四季的變遷，倒不如讓他在都市中與人接觸接受外來的刺激，後者的生活，比較適合他吧！而他的太太也與他有相同的想法。

「年紀大了要住在都市」的決斷術

　倘若躲到鄉下去，那這三十五年來所認識的朋友，這種珍貴的財產，不就疏遠了嗎？這是一件最可惜事了！有些不負責任的人，也許會說「到鄉下再去交朋友啊！這不就好了嗎？」但是對上了年紀的人來說，相對要付出更多的體力來交朋友，更何況想要在鄉下的新環境中交到很多朋友，這是非常困難的。

這位先生提到「在東京做什麼都方便」我也有同感。坐上電車或地下鐵，想到哪兒就能到哪兒，想要買什麼就能買什麼，想去看什麼也能立刻做到。

因爲資訊的氾濫，所以在有需要的時候，就能得到想要的資訊。又因爲接觸新的資訊對腦部的活性化有絕對的幫助，總而言之，想到什麼馬上就能做，這也是只有在都市裡才有的好處。

有的人離開了都市而到鄉下去住，當然也有的人像這一對夫婦一樣，寧可待在東京，過著都市化的生活而自得其樂。在喜歡的地方過著自己想過的生活，這才是最要緊的。像我，我也是都市生活者之一，在東京也有許多的人脈，在這裡四季的變化也是很真實的，許多不同的人，過著不同的生活，能與這些人接觸是件很愉快的事，當然也可以自此之中，得到生存下去的鬥志吧！

大展出版社有限公司　圖書目錄

地址：台北市北投區11204
致遠一路二段12巷1號
郵撥：0166955～1
電話：(02) 8236031
8236033
傳眞：(02) 8272069

・法律專欄連載・電腦編號 58

台大法學院　法律學系／策劃　法律服務社／編著

①別讓您的權利睡著了1	200元
②別讓您的權利睡著了2	200元

・秘傳占卜系列・電腦編號 14

①手相術	淺野八郎著	150元
②人相術	淺野八郎著	150元
③西洋占星術	淺野八郎著	150元
④中國神奇占卜	淺野八郎著	150元
⑤夢判斷	淺野八郎著	150元
⑥前世、來世占卜	淺野八郎著	150元
⑦法國式血型學	淺野八郎著	150元
⑧靈感、符咒學	淺野八郎著	150元
⑨紙牌占卜學	淺野八郎著	150元
⑩ＥＳＰ超能力占卜	淺野八郎著	150元
⑪猶太數的秘術	淺野八郎著	150元
⑫新心理測驗	淺野八郎著	160元

・趣味心理講座・電腦編號 15

①性格測驗１　探索男與女	淺野八郎著	140元
②性格測驗２　透視人心奥秘	淺野八郎著	140元
③性格測驗３　發現陌生的自己	淺野八郎著	140元
④性格測驗４　發現你的真面目	淺野八郎著	140元
⑤性格測驗５　讓你們吃驚	淺野八郎著	140元
⑥性格測驗６　洞穿心理盲點	淺野八郎著	140元
⑦性格測驗７　探索對方心理	淺野八郎著	140元
⑧性格測驗８　由吃認識自己	淺野八郎著	140元
⑨性格測驗９　戀愛知多少	淺野八郎著	140元

⑩性格測驗10	由裝扮瞭解人心	淺野八郎著	140元
⑪性格測驗11	敲開內心玄機	淺野八郎著	140元
⑫性格測驗12	透視你的未來	淺野八郎著	140元
⑬血型與你的一生		淺野八郎著	140元
⑭趣味推理遊戲		淺野八郎著	160元
⑮行爲語言解析		淺野八郎著	160元

·婦 幼 天 地·電腦編號 16

①八萬人減肥成果	黃靜香譯	180元
②三分鐘減肥體操	楊鴻儒譯	150元
③窈窕淑女美髮秘訣	柯素娥譯	130元
④使妳更迷人	成　玉譯	130元
⑤女性的更年期	官舒姸編譯	160元
⑥胎內育兒法	李玉瓊編譯	150元
⑦早產兒袋鼠式護理	唐岱蘭譯	200元
⑧初次懷孕與生產	婦幼天地編譯組	180元
⑨初次育兒12個月	婦幼天地編譯組	180元
⑩斷乳食與幼兒食	婦幼天地編譯組	180元
⑪培養幼兒能力與性向	婦幼天地編譯組	180元
⑫培養幼兒創造力的玩具與遊戲	婦幼天地編譯組	180元
⑬幼兒的症狀與疾病	婦幼天地編譯組	180元
⑭腿部苗條健美法	婦幼天地編譯組	150元
⑮女性腰痛別忽視	婦幼天地編譯組	150元
⑯舒展身心體操術	李玉瓊編譯	130元
⑰三分鐘臉部體操	趙薇妮著	160元
⑱生動的笑容表情術	趙薇妮著	160元
⑲心曠神怡減肥法	川津祐介著	130元
⑳內衣使妳更美麗	陳玄茹譯	130元
㉑瑜伽美姿美容	黃靜香編著	150元
㉒高雅女性裝扮學	陳珮玲譯	180元
㉓蠶糞肌膚美顏法	坂梨秀子著	160元
㉔認識妳的身體	李玉瓊譯	160元
㉕產後恢復苗條體態	居理安·芙萊喬著	200元
㉖正確護髮美容法	山崎伊久江著	180元
㉗安琪拉美姿養生學	安琪拉蘭斯博瑞著	180元
㉘女體性醫學剖析	增田豐著	220元
㉙懷孕與生產剖析	岡部綾子著	180元
㉚斷奶後的健康育兒	東城百合子著	220元

・青 春 天 地・電腦編號17

①A血型與星座	柯素娥編譯	120元
②B血型與星座	柯素娥編譯	120元
③O血型與星座	柯素娥編譯	120元
④AB血型與星座	柯素娥編譯	120元
⑤青春期性教室	呂貴嵐編譯	130元
⑥事半功倍讀書法	王毅希編譯	150元
⑦難解數學破題	宋釗宜編譯	130元
⑧速算解題技巧	宋釗宜編譯	130元
⑨小論文寫作秘訣	林顯茂編譯	120元
⑪中學生野外遊戲	熊谷康編著	120元
⑫恐怖極短篇	柯素娥編譯	130元
⑬恐怖夜話	小毛驢編譯	130元
⑭恐怖幽默短篇	小毛驢編譯	120元
⑮黑色幽默短篇	小毛驢編譯	120元
⑯靈異怪談	小毛驢編譯	130元
⑰錯覺遊戲	小毛驢編譯	130元
⑱整人遊戲	小毛驢編著	150元
⑲有趣的超常識	柯素娥編譯	130元
⑳哦！原來如此	林慶旺編譯	130元
㉑趣味競賽100種	劉名揚編譯	120元
㉒數學謎題入門	宋釗宜編譯	150元
㉓數學謎題解析	宋釗宜編譯	150元
㉔透視男女心理	林慶旺編譯	120元
㉕少女情懷的自白	李桂蘭編譯	120元
㉖由兄弟姊妹看命運	李玉瓊編譯	130元
㉗趣味的科學魔術	林慶旺編譯	150元
㉘趣味的心理實驗室	李燕玲編譯	150元
㉙愛與性心理測驗	小毛驢編譯	130元
㉚刑案推理解謎	小毛驢編譯	130元
㉛偵探常識推理	小毛驢編譯	130元
㉜偵探常識解謎	小毛驢編譯	130元
㉝偵探推理遊戲	小毛驢編譯	130元
㉞趣味的超魔術	廖玉山編著	150元
㉟趣味的珍奇發明	柯素娥編著	150元
㊱登山用具與技巧	陳瑞菊編著	150元

・健 康 天 地・電腦編號18

①壓力的預防與治療	柯素娥編譯	130元
②超科學氣的魔力	柯素娥編譯	130元
③尿療法治病的神奇	中尾良一著	130元
④鐵證如山的尿療法奇蹟	廖玉山譯	120元
⑤一日斷食健康法	葉慈容編譯	120元
⑥胃部強健法	陳炳崑譯	120元
⑦癌症早期檢查法	廖松濤譯	160元
⑧老人痴呆症防止法	柯素娥編譯	130元
⑨松葉汁健康飲料	陳麗芬編譯	130元
⑩揉肚臍健康法	永井秋夫著	150元
⑪過勞死、猝死的預防	卓秀貞編譯	130元
⑫高血壓治療與飲食	藤山順豐著	150元
⑬老人看護指南	柯素娥編譯	150元
⑭美容外科淺談	楊啟宏著	150元
⑮美容外科新境界	楊啟宏著	150元
⑯鹽是天然的醫生	西英司郎著	140元
⑰年輕十歲不是夢	梁瑞麟譯	200元
⑱茶料理治百病	桑野和民著	180元
⑲綠茶治病寶典	桑野和民著	150元
⑳杜仲茶養顏減肥法	西田博著	150元
㉑蜂膠驚人療效	瀨長良三郎著	150元
㉒蜂膠治百病	瀨長良三郎著	180元
㉓醫藥與生活	鄭炳全著	180元
㉔鈣長生寶典	落合敏著	180元
㉕大蒜長生寶典	木下繁太郎著	160元
㉖居家自我健康檢查	石川恭三著	160元
㉗永恒的健康人生	李秀鈴譯	200元
㉘大豆卵磷脂長生寶典	劉雪卿譯	150元
㉙芳香療法	梁艾琳譯	160元
㉚醋長生寶典	柯素娥譯	180元
㉛從星座透視健康	席拉・吉蒂斯著	180元
㉜愉悅自在保健學	野本二士夫著	160元
㉝裸睡健康法	丸山淳士等著	160元
㉞糖尿病預防與治療	藤田順豐著	180元
㉟維他命長生寶典	菅原明子著	180元
㊱維他命C新效果	鐘文訓編	150元
㊲手、腳病理按摩	堤芳郎著	160元
㊳AIDS瞭解與預防	彼得塔歇爾著	180元
㊴甲殼質殼聚糖健康法	沈永嘉譯	160元
㊵神經痛預防與治療	木下眞男著	160元
㊶室內身體鍛鍊法	陳炳崑編著	160元

㊷吃出健康藥膳	劉大器編著	180元
㊸自我指壓術	蘇燕謀編著	160元
㊹紅蘿蔔汁斷食療法	李玉瓊編著	150元
㊺洗心術健康秘法	竺翠萍編譯	170元
㊻枇杷葉健康療法	柯素娥編譯	180元
㊼抗衰血癒	楊啟宏著	180元

•實用女性學講座•電腦編號 19

①解讀女性內心世界	島田一男著	150元
②塑造成熟的女性	島田一男著	150元
③女性整體裝扮學	黃靜香編著	180元
④女性應對禮儀	黃靜香編著	180元

•校 園 系 列•電腦編號 20

①讀書集中術	多湖輝著	150元
②應考的訣竅	多湖輝著	150元
③輕鬆讀書贏得聯考	多湖輝著	150元
④讀書記憶秘訣	多湖輝著	150元
⑤視力恢復！超速讀術	江錦雲譯	180元

•實用心理學講座•電腦編號 21

①拆穿欺騙伎倆	多湖輝著	140元
②創造好構想	多湖輝著	140元
③面對面心理術	多湖輝著	160元
④偽裝心理術	多湖輝著	140元
⑤透視人性弱點	多湖輝著	140元
⑥自我表現術	多湖輝著	150元
⑦不可思議的人性心理	多湖輝著	150元
⑧催眠術入門	多湖輝著	150元
⑨責罵部屬的藝術	多湖輝著	150元
⑩精神力	多湖輝著	150元
⑪厚黑說服術	多湖輝著	150元
⑫集中力	多湖輝著	150元
⑬構想力	多湖輝著	150元
⑭深層心理術	多湖輝著	160元
⑮深層語言術	多湖輝著	160元
⑯深層說服術	多湖輝著	180元
⑰掌握潛在心理	多湖輝著	160元

⑱洞悉心理陷阱	多湖輝著	180元

・超現實心理講座・電腦編號 22

①超意識覺醒法	詹蔚芬編譯	130元
②護摩秘法與人生	劉名揚編譯	130元
③秘法！超級仙術入門	陸　明譯	150元
④給地球人的訊息	柯素娥編著	150元
⑤密教的神通力	劉名揚編著	130元
⑥神秘奇妙的世界	平川陽一著	180元
⑦地球文明的超革命	吳秋嬌譯	200元
⑧力量石的秘密	吳秋嬌譯	180元
⑨超能力的靈異世界	馬小莉譯	200元

・養生保健・電腦編號 23

①醫療養生氣功	黃孝寬著	250元
②中國氣功圖譜	余功保著	230元
③少林醫療氣功精粹	井玉蘭著	250元
④龍形實用氣功	吳大才等著	220元
⑤魚戲增視強身氣功	宮　嬰著	220元
⑥嚴新氣功	前新培金著	250元
⑦道家玄牝氣功	張　章著	200元
⑧仙家秘傳袪病功	李遠國著	160元
⑨少林十大健身功	秦慶豐著	180元
⑩中國自控氣功	張明武著	250元
⑪醫療防癌氣功	黃孝寬著	250元
⑫醫療強身氣功	黃孝寬著	250元
⑬醫療點穴氣功	黃孝寬著	220元
⑭中國八卦如意功	趙維漢著	180元
⑮正宗馬禮堂養氣功	馬禮堂著	420元

・社會人智囊・電腦編號 24

①糾紛談判術	清水增三著	160元
②創造關鍵術	淺野八郎著	150元
③觀人術	淺野八郎著	180元
④應急詭辯術	廖英迪編著	160元
⑤天才家學習術	木原武一著	160元
⑥猫型狗式鑑人術	淺野八郎著	180元
⑦逆轉運掌握術	淺野八郎著	180元

⑧人際圓融術	澀谷昌三著	160元
⑨解讀人心術	淺野八郎著	180元
⑩與上司水乳交融術	秋元隆司著	180元

•精 選 系 列• 電腦編號 25

①毛澤東與鄧小平	渡邊利夫等著	280元
②中國大崩裂	江戶介雄著	180元
③台灣•亞洲奇蹟	上村幸治著	220元
④7-ELEVEN高盈收策略	國友隆一著	180元
⑤台灣獨立	森　詠著	200元
⑥迷失中國的末路	江戶雄介著	220元
⑦2000年5月全世界毀滅	紫藤甲子男著	180元

•運 動 遊 戲• 電腦編號 26

①雙人運動	李玉瓊譯	160元
②愉快的跳繩運動	廖玉山譯	180元
③運動會項目精選	王佑京譯	150元
④肋木運動	廖玉山譯	150元
⑤測力運動	王佑宗譯	150元

•銀髮族智慧學• 電腦編號 28

①銀髮六十樂逍遙	多湖輝著	170元
②人生六十反年輕	多湖輝著	170元

•心 靈 雅 集• 電腦編號 00

①禪言佛語看人生	松濤弘道著	180元
②禪密教的奧秘	葉逯謙譯	120元
③觀音大法力	田口日勝著	120元
④觀音法力的大功德	田口日勝著	120元
⑤達摩禪106智慧	劉華亭編譯	150元
⑥有趣的佛教研究	葉逯謙編譯	120元
⑦夢的開運法	蕭京凌譯	130元
⑧禪學智慧	柯素娥編譯	130元
⑨女性佛教入門	許俐萍譯	110元
⑩佛像小百科	心靈雅集編譯組	130元
⑪佛教小百科趣談	心靈雅集編譯組	120元
⑫佛教小百科漫談	心靈雅集編譯組	150元

⑬佛教知識小百科	心靈雅集編譯組	150元
⑭佛學名言智慧	松濤弘道著	220元
⑮釋迦名言智慧	松濤弘道著	220元
⑯活人禪	平田精耕著	120元
⑰坐禪入門	柯素娥編譯	120元
⑱現代禪悟	柯素娥編譯	130元
⑲道元禪師語錄	心靈雅集編譯組	130元
⑳佛學經典指南	心靈雅集編譯組	130元
㉑何謂「生」　阿含經	心靈雅集編譯組	150元
㉒一切皆空　般若心經	心靈雅集編譯組	150元
㉓超越迷惘　法句經	心靈雅集編譯組	130元
㉔開拓宇宙觀　華嚴經	心靈雅集編譯組	130元
㉕真實之道　法華經	心靈雅集編譯組	130元
㉖自由自在　涅槃經	心靈雅集編譯組	130元
㉗沈默的教示　維摩經	心靈雅集編譯組	150元
㉘開通心眼　佛語佛戒	心靈雅集編譯組	130元
㉙揭秘寶庫　密教經典	心靈雅集編譯組	130元
㉚坐禪與養生	廖松濤譯	110元
㉛釋尊十戒	柯素娥編譯	120元
㉜佛法與神通	劉欣如編著	120元
㉝悟（正法眼藏的世界）	柯素娥編譯	120元
㉞只管打坐	劉欣如編著	120元
㉟喬答摩・佛陀傳	劉欣如編著	120元
㊱唐玄奘留學記	劉欣如編著	120元
㊲佛教的人生觀	劉欣如編譯	110元
㊳無門關（上卷）	心靈雅集編譯組	150元
㊴無門關（下卷）	心靈雅集編譯組	150元
㊵業的思想	劉欣如編著	130元
㊶佛法難學嗎	劉欣如著	140元
㊷佛法實用嗎	劉欣如著	140元
㊸佛法殊勝嗎	劉欣如著	140元
㊹因果報應法則	李常傳編	140元
㊺佛教醫學的奧秘	劉欣如編著	150元
㊻紅塵絕唱	海　若著	130元
㊼佛教生活風情	洪丕謨、姜玉珍著	220元
㊽行住坐臥有佛法	劉欣如著	160元
㊾起心動念是佛法	劉欣如著	160元
㊿四字禪語	曹洞宗青年會	200元
51妙法蓮華經	劉欣如編著	160元

㊾根本佛教與大乘佛教	葉作森編	元

・經 營 管 理・電腦編號 01

◎創新經營管理六十六大計（精）	蔡弘文編	780元
①如何獲取生意情報	蘇燕謀譯	110元
②經濟常識問答	蘇燕謀譯	130元
③股票致富68秘訣	簡文祥譯	200元
④台灣商戰風雲錄	陳中雄著	120元
⑤推銷大王秘錄	原一平著	180元
⑥新創意・賺大錢	王家成譯	90元
⑦工廠管理新手法	琪　輝著	120元
⑧奇蹟推銷術	蘇燕謀譯	100元
⑨經營參謀	柯順隆譯	120元
⑩美國實業24小時	柯順隆譯	80元
⑪撼動人心的推銷法	原一平著	150元
⑫高竿經營法	蔡弘文編	120元
⑬如何掌握顧客	柯順隆譯	150元
⑭一等一賺錢策略	蔡弘文編	120元
⑯成功經營妙方	鐘文訓著	120元
⑰一流的管理	蔡弘文編	150元
⑱外國人看中韓經濟	劉華亭譯	150元
⑲企業不良幹部群相	琪輝編著	120元
⑳突破商場人際學	林振輝編著	90元
㉑無中生有術	琪輝編著	140元
㉒如何使女人打開錢包	林振輝編著	100元
㉓操縱上司術	邑井操著	90元
㉔小公司經營策略	王嘉誠著	160元
㉕成功的會議技巧	鐘文訓編譯	100元
㉖新時代老闆學	黃柏松編著	100元
㉗如何創造商場智囊團	林振輝編譯	150元
㉘十分鐘推銷術	林振輝編譯	180元
㉙五分鐘育才	黃柏松編譯	100元
㉚成功商場戰術	陸明編譯	100元
㉛商場談話技巧	劉華亭編譯	120元
㉜企業帝王學	鐘文訓譯	90元
㉝自我經濟學	廖松濤編譯	100元
㉞一流的經營	陶田生編著	120元
㉟女性職員管理術	王昭國編譯	120元
㊱ＩＢＭ的人事管理	鐘文訓編譯	150元
㊲現代電腦常識	王昭國編譯	150元

㊳電腦管理的危機	鐘文訓編譯	120元
㊴如何發揮廣告效果	王昭國編譯	150元
㊵最新管理技巧	王昭國編譯	150元
㊶一流推銷術	廖松濤編譯	150元
㊷包裝與促銷技巧	王昭國編譯	130元
㊸企業王國指揮塔	松下幸之助著	120元
㊹企業精銳兵團	松下幸之助著	120元
㊺企業人事管理	松下幸之助著	100元
㊻華僑經商致富術	廖松濤編譯	130元
㊼豐田式銷售技巧	廖松濤編譯	180元
㊽如何掌握銷售技巧	王昭國編著	130元
㊿洞燭機先的經營	鐘文訓編譯	150元
52新世紀的服務業	鐘文訓編譯	100元
53成功的領導者	廖松濤編譯	120元
54女推銷員成功術	李玉瓊編譯	130元
55ＩＢＭ人才培育術	鐘文訓編譯	100元
56企業人自我突破法	黃琪輝編著	150元
58財富開發術	蔡弘文編著	130元
59成功的店舖設計	鐘文訓編著	150元
61企管回春法	蔡弘文編著	130元
62小企業經營指南	鐘文訓編譯	100元
63商場致勝名言	鐘文訓編譯	150元
64迎接商業新時代	廖松濤編譯	100元
66新手股票投資入門	何朝乾　編	180元
67上揚股與下跌股	何朝乾編譯	180元
68股票速成學	何朝乾編譯	180元
69理財與股票投資策略	黃俊豪編著	180元
70黃金投資策略	黃俊豪編著	180元
71厚黑管理學	廖松濤編譯	180元
72股市致勝格言	呂梅莎編譯	180元
73透視西武集團	林谷燁編譯	150元
76巡迴行銷術	陳蒼杰譯	150元
77推銷的魔術	王嘉誠譯	120元
7860秒指導部屬	周蓮芬編譯	150元
79精銳女推銷員特訓	李玉瓊編譯	130元
80企劃、提案、報告圖表的技巧	鄭　汶　譯	180元
81海外不動產投資	許達守編譯	150元
82八百件的世界策略	李玉瓊譯	150元
83服務業品質管理	吳宜芬譯	180元
84零庫存銷售	黃東謙編譯	150元
85三分鐘推銷管理	劉名揚編譯	150元

㊱推銷大王奮鬥史	原一平著	150元
㊲豐田汽車的生產管理	林谷燁編譯	150元

・成功寶庫・電腦編號 02

①上班族交際術	江森滋著	100元
②拍馬屁訣竅	廖玉山編譯	110元
④聽話的藝術	歐陽輝編譯	110元
⑨求職轉業成功術	陳　義編著	110元
⑩上班族禮儀	廖玉山編著	120元
⑪接近心理學	李玉瓊編著	100元
⑫創造自信的新人生	廖松濤編著	120元
⑭上班族如何出人頭地	廖松濤編著	100元
⑮神奇瞬間瞑想法	廖松濤編譯	100元
⑯人生成功之鑰	楊意苓編著	150元
⑲給企業人的諍言	鐘文訓編著	120元
⑳企業家自律訓練法	陳　義編譯	100元
㉑上班族妖怪學	廖松濤編著	100元
㉒猶太人縱橫世界的奇蹟	孟佑政編著	110元
㉓訪問推銷術	黃静香編著	130元
㉕你是上班族中強者	嚴思圖編著	100元
㉖向失敗挑戰	黃静香編著	100元
㉙機智應對術	李玉瓊編著	130元
㉚成功頓悟100則	蕭京凌編譯	130元
㉛掌握好運100則	蕭京凌編譯	110元
㉜知性幽默	李玉瓊編譯	130元
㉝熟記對方絕招	黃静香編譯	100元
㉞男性成功秘訣	陳蒼杰編譯	130元
㊱業務員成功秘方	李玉瓊編著	120元
㊲察言觀色的技巧	劉華亭編著	130元
㊳一流領導力	施義彥編譯	120元
㊴一流說服力	李玉瓊編著	130元
㊵30秒鐘推銷術	廖松濤編譯	150元
㊶猶太成功商法	周蓮芬編譯	120元
㊷尖端時代行銷策略	陳蒼杰編著	100元
㊸顧客管理學	廖松濤編著	100元
㊹如何使對方說Yes	程　義編著	150元
㊺如何提高工作效率	劉華亭編著	150元
㊼上班族口才學	楊鴻儒譯	120元
㊽上班族新鮮人須知	程　義編著	120元
㊾如何左右逢源	程　義編著	130元

㊿語言的心理戰	多湖輝著	130元
51扣人心弦演說術	劉名揚編著	120元
53如何增進記憶力、集中力	廖松濤譯	130元
55性惡企業管理學	陳蒼杰譯	130元
56自我啟發200招	楊鴻儒編著	150元
57做個傑出女職員	劉名揚編著	130元
58靈活的集團營運術	楊鴻儒編著	120元
60個案研究活用法	楊鴻儒編著	130元
61企業教育訓練遊戲	楊鴻儒編著	120元
62管理者的智慧	程　義編譯	130元
63做個佼佼管理者	馬筱莉編譯	130元
64智慧型說話技巧	沈永嘉編譯	130元
66活用佛學於經營	松濤弘道著	150元
67活用禪學於企業	柯素娥編譯	130元
68詭辯的智慧	沈永嘉編譯	150元
69幽默詭辯術	廖玉山編譯	150元
70拿破崙智慧箴言	柯素娥編譯	130元
71自我培育・超越	蕭京凌編譯	150元
74時間即一切	沈永嘉編譯	130元
75自我脫胎換骨	柯素娥譯	150元
76贏在起跑點—人才培育鐵則	楊鴻儒編譯	150元
77做一枚活棋	李玉瓊編譯	130元
78面試成功戰略	柯素娥編譯	130元
79自我介紹與社交禮儀	柯素娥編譯	150元
80說NO的技巧	廖玉山編譯	130元
81瞬間攻破心防法	廖玉山編譯	120元
82改變一生的名言	李玉瓊編譯	130元
83性格性向創前程	楊鴻儒編譯	130元
84訪問行銷新竅門	廖玉山編譯	150元
85無所不達的推銷話術	李玉瓊編譯	150元

・處 世 智 慧・電腦編號 03

①如何改變你自己	陸明編譯	120元
④幽默說話術	林振輝編譯	120元
⑤讀書36計	黃柏松編譯	120元
⑥靈感成功術	譚繼山編譯	80元
⑧扭轉一生的五分鐘	黃柏松編譯	100元
⑨知人、知面、知其心	林振輝譯	110元
⑩現代人的詭計	林振輝譯	100元
⑫如何利用你的時間	蘇遠謀譯	80元

⑬口才必勝術	黃柏松編譯	120元
⑭女性的智慧	譚繼山編譯	90元
⑮如何突破孤獨	張文志編譯	80元
⑯人生的體驗	陸明編譯	80元
⑰微笑社交術	張芳明譯	90元
⑱幽默吹牛術	金子登著	90元
⑲攻心說服術	多湖輝著	100元
⑳當機立斷	陸明編譯	70元
㉑勝利者的戰略	宋恩臨編譯	80元
㉒如何交朋友	安紀芳編著	70元
㉓鬥智奇謀（諸葛孔明兵法）	陳炳崑著	70元
㉔慧心良言	亦　奇著	80元
㉕名家慧語	蔡逸鴻主編	90元
㉗稱霸者啟示金言	黃柏松編譯	90元
㉘如何發揮你的潛能	陸明編譯	90元
㉙女人身態語言學	李常傳譯	130元
㉚摸透女人心	張文志譯	90元
㉛現代戀愛秘訣	王家成譯	70元
㉜給女人的悄悄話	妮倩編譯	90元
㉞如何開拓快樂人生	陸明編譯	90元
㉟驚人時間活用法	鐘文訓譯	80元
㊱成功的捷徑	鐘文訓譯	70元
㊲幽默逗笑術	林振輝著	120元
㊳活用血型讀書法	陳炳崑譯	80元
㊴心　燈	葉于模著	100元
㊵當心受騙	林顯茂譯	90元
㊶心・體・命運	蘇燕謀譯	70元
㊷如何使頭腦更敏銳	陸明編譯	70元
㊸宮本武藏五輪書金言錄	宮本武藏著	100元
㊺勇者的智慧	黃柏松編譯	80元
㊼成熟的愛	林振輝譯	120元
㊽現代女性駕馭術	蔡德華著	90元
㊾禁忌遊戲	酒井潔著	90元
㊷摸透男人心	劉華亭編譯	80元
㊸如何達成願望	謝世輝著	90元
㊹創造奇蹟的「想念法」	謝世輝著	90元
㊺創造成功奇蹟	謝世輝著	90元
㊻男女幽默趣典	劉華亭譯	90元
㊼幻想與成功	廖松濤譯	80元
㊽反派角色的啟示	廖松濤編譯	70元
㊾現代女性須知	劉華亭編著	75元

⑥①機智說話術	劉華亭編譯	100元
⑥②如何突破內向	姜倩怡編譯	110元
⑥④讀心術入門	王家成編譯	100元
⑥⑤如何解除內心壓力	林美羽編著	110元
⑥⑥取信於人的技巧	多湖輝著	110元
⑥⑦如何培養堅強的自我	林美羽編著	90元
⑥⑧自我能力的開拓	卓一凡編著	110元
⑦⓪縱橫交涉術	嚴思圖編著	90元
⑦①如何培養妳的魅力	劉文珊編著	90元
⑦②魅力的力量	姜倩怡編著	90元
⑦③金錢心理學	多湖輝著	100元
⑦④語言的圈套	多湖輝著	110元
⑦⑤個性膽怯者的成功術	廖松濤編譯	100元
⑦⑥人性的光輝	文可式編著	90元
⑦⑧驚人的速讀術	鐘文訓編譯	90元
⑦⑨培養靈敏頭腦秘訣	廖玉山編著	90元
⑧⓪夜晚心理術	鄭秀美編譯	80元
⑧①如何做個成熟的女性	李玉瓊編著	80元
⑧②現代女性成功術	劉文珊編著	90元
⑧③成功說話技巧	梁惠珠編譯	100元
⑧④人生的真諦	鐘文訓編譯	100元
⑧⑤妳是人見人愛的女孩	廖松濤編著	120元
⑧⑦指尖・頭腦體操	蕭京凌編譯	90元
⑧⑧電話應對禮儀	蕭京凌編著	120元
⑧⑨自我表現的威力	廖松濤編譯	100元
⑨⓪名人名語啟示錄	喬家楓編著	100元
⑨①男與女的哲思	程鐘梅編譯	110元
⑨②靈思慧語	牧　風著	110元
⑨③心靈夜語	牧　風著	100元
⑨④激盪腦力訓練	廖松濤編譯	100元
⑨⑤三分鐘頭腦活性法	廖玉山編譯	110元
⑨⑥星期一的智慧	廖玉山編譯	100元
⑨⑦溝通說服術	賴文琇編譯	100元
⑨⑧超速讀超記憶法	廖松濤編譯	140元

・健康與美容・電腦編號 04

①B型肝炎預防與治療	曾慧琪譯	130元
③媚酒傳（中國王朝秘酒）	陸明主編	120元
④藥酒與健康果菜汁	成玉主編	150元
⑤中國回春健康術	蔡一藩著	100元

⑥奇蹟的斷食療法	蘇燕謀譯	110元
⑧健美食物法	陳炳崑譯	120元
⑨驚異的漢方療法	唐龍編著	90元
⑩不老強精食	唐龍編著	100元
⑪經脈美容法	月乃桂子著	90元
⑫五分鐘跳繩健身法	蘇明達譯	100元
⑬睡眠健康法	王家成譯	80元
⑭你就是名醫	張芳明譯	90元
⑮如何保護你的眼睛	蘇燕謀譯	70元
⑲釋迦長壽健康法	譚繼山譯	90元
⑳腳部按摩健康法	譚繼山譯	120元
㉑自律健康法	蘇明達譯	90元
㉓身心保健座右銘	張仁福著	160元
㉔腦中風家庭看護與運動治療	林振輝譯	100元
㉕秘傳醫學人相術	成玉主編	120元
㉖導引術入門⑴治療慢性病	成玉主編	110元
㉗導引術入門⑵健康・美容	成玉主編	110元
㉘導引術入門⑶身心健康法	成玉主編	110元
㉙妙用靈藥・蘆薈	李常傳譯	150元
㉚萬病回春百科	吳通華著	150元
㉛初次懷孕的10個月	成玉編譯	130元
㉜中國秘傳氣功治百病	陳炳崑編譯	130元
㉞仙人成仙術	陸明編譯	100元
㉟仙人長生不老學	陸明編譯	100元
㊱釋迦秘傳米粒刺激法	鐘文訓譯	120元
㊲痔・治療與預防	陸明編譯	130元
㊳自我防身絕技	陳炳崑編譯	120元
㊴運動不足時疲勞消除法	廖松濤譯	110元
㊵三溫暖健康法	鐘文訓編譯	90元
㊸維他命與健康	鐘文訓譯	150元
㊺森林浴—綠的健康法	劉華亭編譯	80元
㊼導引術入門⑷酒浴健康法	成玉主編	90元
㊽導引術入門⑸不老回春法	成玉主編	90元
㊾山白竹（劍竹）健康法	鐘文訓譯	90元
㊿解救你的心臟	鐘文訓編譯	100元
51牙齒保健法	廖玉山譯	90元
52超人氣功法	陸明編譯	110元
53超能力秘密開發法	廖松濤譯	80元
54借力的奇蹟⑴	力拔山著	100元
55借力的奇蹟⑵	力拔山著	100元
56五分鐘小睡健康法	呂添發撰	120元

國家圖書館出版品預行編目資料

六十歲的決斷/多湖輝著；楊鴻儒譯 ——初版，——臺北市，大展，民85 面；　公分，——（銀髮族智慧學；3） 譯自：六十歲の決斷 ISBN 957-557-615-2（平裝） 1.老人　2.生涯規劃　3.修身 192.1　　　　　　85005812

本書原名：六十歲の決斷
著　　著：©Akira Tago 1994
發 行 所：株式會社　ごま書房
版權代理：宏儒企業有限公司

六十歲的決斷

ISBN 957-557-615-2

原著者/ 多　湖　輝
編譯者/ 楊　鴻　儒
發行人/ 蔡　森　明
出版者/ 大展出版社有限公司
社　址/ 台北市北投區（石牌）
致遠一路2段12巷1號
電　話/（02）8236031·8236033
傳　真/（02）8272069
郵政劃撥/ 0166955-1
登記證/ 局版臺業字第2171號

承印者/ 國順圖書印刷公司
裝　訂/ 嶸興裝訂有限公司
排版者/ 宏益電腦排版有限公司
電　話/（02）5611592
初　版/ 1996年（民85年） 7月
定　價/ 170元

大展好書 好書大展

大展好書 好書大展